歴史文化ライブラリー
174

帝国日本と植民地都市

橋谷　弘

吉川弘文館

目次

アジア都市と帝国――プロローグ

シンガポールでリバー＝クルーズを楽しもうとすると、その船着き場のそばの高い台座の上に立つ、一人のイギリス人の銅像に気がつく。この人物こそ、マレー人のスルタンからこの土地を手に入れた、植民地官僚ラッフルズ（一七八一―一八二六）である。このように独立後も植民地支配者の銅像を残している国は珍しいが、しかし欧米の旧植民地では、どの都市に行っても昔の支配者のなごりを残す公共建築や教会などが独自の景観をみせている。ときには、それを懐かしむように眺めている欧米の観光客に出くわすこともある。

日本も、アジア太平洋戦争の敗戦まで、多くの植民地を支配した植民地帝国であった。

ところが、かつての日本の植民地都市を訪れても、日本による支配の痕跡をみつけることは難しい。それどころか、それらの植民地都市に何十万人もの日本人が住んでいたことさえ、多くの日本人の記憶から消えてしまっている。

しかし、アジアの人々からみれば、日本の植民地支配は現在でも忘れられない負《ふ》の歴史である。忘れられない歴史であるがゆえに、ときには、その痕跡を消し去ろうとする動きも生まれる。たとえば韓国のソウルでは、かつて朝鮮総督府《ちょうせんそうとくふ》が置かれていた建物が、一九九三年から取り壊されて消滅した。その一方で台湾《たいわん》の台北《タイペイ》では、台湾総督府の建物がそのまま現在も使われているが、もし歴史にうとい若者がみれば、それが日本人の建てたものだと気づかないかもしれない。いずれにしても、日本の旧植民地都市では、欧米のそれとは異なる状況がみられる。

植民地支配の痕跡が独立後も色濃く残る欧米の旧植民都市では、ポスト゠コロニアリズムの時代にさまざまな問題が生じてきたが、支配の痕跡にほとんど気づかない日本の旧植民地都市でも、もちろん問題は存在している。とくに、植民地の歴史をめぐる日本人と他のアジア諸国の人々との認識のギャップは、今日でも事あるごとに深刻な対立を招く原因となっている。

　この本では、こうした問題の背景として、植民地帝国日本の支配したアジア都市の具体的な姿を描いてみたい。そして、そのことを通じて、日本の植民地支配の特徴と問題点を浮き彫りにしようと考えている。それは、すでに終わった歴史の中の一コマとして忘れるべき事柄ではない。むしろ、今日の日本とアジアの人々の歴史認識のギャップを埋めるために、客観的にみつめなければならない問題である。さらに、日本も含めたアジア諸国が近代になって直面した共通する困難な課題、つまり伝統と近代の葛藤《かっとう》、東洋と西洋の軋轢《あつれき》などの問題を考えていく手がかりも示してくれるだろう。

　私は、植民地支配の歴史は正当化できない内容を持つと考えている。しかしこの本では、そのことを紋切り型の植民地性悪説《せいあくせつ》で一刀両断《いっとうりょうだん》にしたくなかった。むしろ具体的史実を積み重ねることで、植民地支配の持つ多面的な問題点をおのずから浮かび上がらせるという手法をとったつもりである。同時に、過去を否定したり断罪したりするだけで終わるのではなく、現在のアジアと日本、未来のアジアと日本の問題を考えるために必要な手がかりとして、植民地都市の歴史を提示したつもりである。

読者の皆さんが、過去を知り、未来を考える一助として本書をお読みいただければ、著者として望外の喜びである。

植民地都市の形成

植民地支配の拡大と都市形成

「大日本帝国」と植民地支配

第二次世界大戦前の日本は、戦争のたびに植民地を拡大し、アジアにおける唯一の植民地帝国となっていった。最盛期には、支配した植民地の総面積は日本本国の約四倍、植民地の総人口は本国の人口に匹敵するほどの規模を持っていた。

日本の最初の植民地は、日清《にっしん》戦争の結果、一八九五年に結ばれた下関《しものせき》条約に基づいて領有した台湾《たいわん》だった。ここには台湾総督府《そうとくふ》が設置され、米を生産して日本の食料需要を支え、砂糖の生産のために多くの製糖会社が進出した。のちに東南アジアに対する「南進政策」が企図されると、台湾はその根拠地の役割も果たした。

さらに日露戦争の結果、一九〇五年にポーツマス条約が結ばれ、ロシアからサハリン島南部を割譲され、遼東半島《りょうとうはんとう》の租借権《そしゃくけん》と長春《ちょうしゅん》以南の鉄道利権を譲渡された。日本はサハリン島に樺太《からふと》庁を置いて森林資源を利用した製紙業をおこし、遼東半島にはのちに関東庁・関東軍を置いて日本人商業者の拠点とした。中国東北の鉄道経営のためには半官半民の南満州鉄道株式会社（満鉄）を創立し、広大な付属地を支配する統治機関として、そして炭鉱や製鉄所を擁《よう》するコンツェルンとして、中国東北への利権拡大の柱とした。中国東北からは油脂原料の大豆や、肥料の油粕《あぶらかす》を輸入し、やがて一九三二年に傀儡《かいらい》国家「満州国」が建国されると、満州重工業を中心として重化学工業化が推進されていった。

朝鮮では日清・日露戦争を経て清国とロシアの勢力を排除したあと、一九一〇年に大韓帝国に対して韓国併合条約締結を強要した。そして朝鮮総督府《ちょうせんそうとくふ》を設置し、台湾とともに日本への米の供給地にすると同時に、日本資本を中心とする工業化が進められて本国の工業を補完する役割を負わせた。朝鮮の工業は、精米業や紡績業などの軽工業ばかりでなく、日窒《にっちつ》財閥による化学肥料生産や、製鉄業をはじめとする重工業まで含まれていた。

さらに第一次大戦中に日本海軍が占領したドイツ領南洋群島（ミクロネシア）が、国際連盟のもとで一九二〇年に日本の委任統治領となり、二二年に南洋庁が設置された。南洋群島の経済的な意味は大きくなかったが、委任統治を契機として日本国内で「南進」の気運が高まり、軍事的にも重要な拠点となった。

日本の植民地支配と都市形成

このように拡大された日本の植民地は、本国と距離的にも近く、稲作農業や工業などが展開されて本国に似た経済構造が作られ、そこには多数の日本人が移住した。その結果、植民地にも本国の都市と肩を並べるような大都市が数多く形成されることになった。

たとえば一九四〇年に、満州（中国東北）の奉天《ほうてん》市（現瀋陽《しんよう》）は一一四万人、朝鮮の京城府（現ソウル）は九四万人、台湾の台北市は三三万人の人口を擁していた。日本本国でも、東京の六七八万人、大阪の三二五万人を別格とすれば、他の六大都市（京都、名古屋、神戸、横浜）でも人口は一〇〇万人前後であり、日本の植民地都市の規模の大きさは際立っている。

これらの植民地都市は、これに先立つ伝統的都市の存在の如何《いかん》にかかわらず、日本の植民地支配とともに急速な人口増加をみたものである。一九二〇年から四〇年にかけて、日本や中国、さらにインド・ラテンアメリカ・アフリカの主要都市では、五年換算の人口増加率が一五％前後だった。しかし満州の主要一六都市では四八％、朝鮮・台湾九都市は三五％と、日本の植民地都市だけが非常に高い人口増加率を示している（水内俊雄「植民地都市大連の都市形成」『人文地理』三七―五、一九八五年）。この間の市数と市部人口を網羅した表1からも、このことが確認できる。

このような人口増加の原因は、後発の帝国主義国日本にとって、この時期が植民地建設の最盛期であったという事情だけでなく、多数の移民によって大都市形成を必然化させたという、日本の植民地支配の構造に由来している。

本書では、このような日本の植民地都市の形成過程や構造を明らかにすることを通じて、そこに現れた日本の植民地支配の特徴を考察することを目的としている。そして、それは今日の日本人のアジア観をも規定する、重要な歴史的前提条件を明らかにすることにもつながっている。

以下の叙述では、植民地と本国の都市の相違、東南アジアの欧米植民地都市との相違な

表1　植民地における市数と市部人口

	年	市数	人口（千人）		$\frac{A}{A+B}$ (%)
			市部(A)	市部外(B)	
朝　鮮	1920	12	579	16,685	3.4
	1930	14	1,190	19,869	5.7
	1940	20	2,818	21,508	11.6
台　湾	1920	5	354	3,301	9.7
	1930	7	620	3,973	13.5
	1940	9	1,068	4,804	18.2
関東州	1920	2	182	506	26.5
	1930	2	326	629	34.2
	1940	2	685	696	49.6
満　州	1940	18	4,432	37,228	10.6
樺　太	1940	1	37	378	8.8

典拠：『日本都市年鑑』1942年版，東京市政調査会，37・692頁，大蔵省管理局『日本人の海外活動に関する歴史的調査』満州編，1210頁より作成。

注：1）朝鮮では，市制ではなく府制が施行されていた。
2）樺太には1937年に豊原市が設置されるまで，市はなかった。
3）朝鮮の1920年は公簿調査，満州・関東州の1940年は各当局調査，他は国勢調査にもとづいている。

どに注目しながら、日本の植民地都市の特徴をとらえ、さらに、独立後の都市形成や社会構造・経済構造への展望や問題点も探っていきたい。（以下、本書の叙述では植民地期と現在の地名が異なる場合、初出箇所でそれを併記し、本文では当時の地名を用いる。「満州国」（洲は州と表記）のように、植民地支配にともなって特有の意味を与えられた地名についても、同様とする。また地名等のふりがなも、今日の慣行に合わせ、中国は日本語の音読み、朝鮮は現地音を基準とする。）

植民地都市形成の三類型

まず、日本の植民地都市の形成過程を考えると、大雑把に次のような三つのタイプに類型化することができる。

第一に、日本の植民地支配とともにまったく新たに都市が形成されるタイプである。これは釜山《プサン》・仁川《インチョン》・元山《ウォンサン》（朝鮮）、高雄《たかお》・基隆《キールン》（台湾）、大連《だいれん》（満州）などの港湾都市や、撫順《ぶじゅん》・鞍山《あんざん》・本渓湖《ほんけいこ》（満州）、興南《フンナム》（朝鮮）、高雄（台湾）など鉱山や工場が開かれた産業都市によって代表される。これらの都市では、空間的にも日本人街が中心となって発達し、住民に占める日本人の比重も高かった。

第二のタイプは、在来社会の伝統的都市の上に重なり合って、植民地都市が形成されて

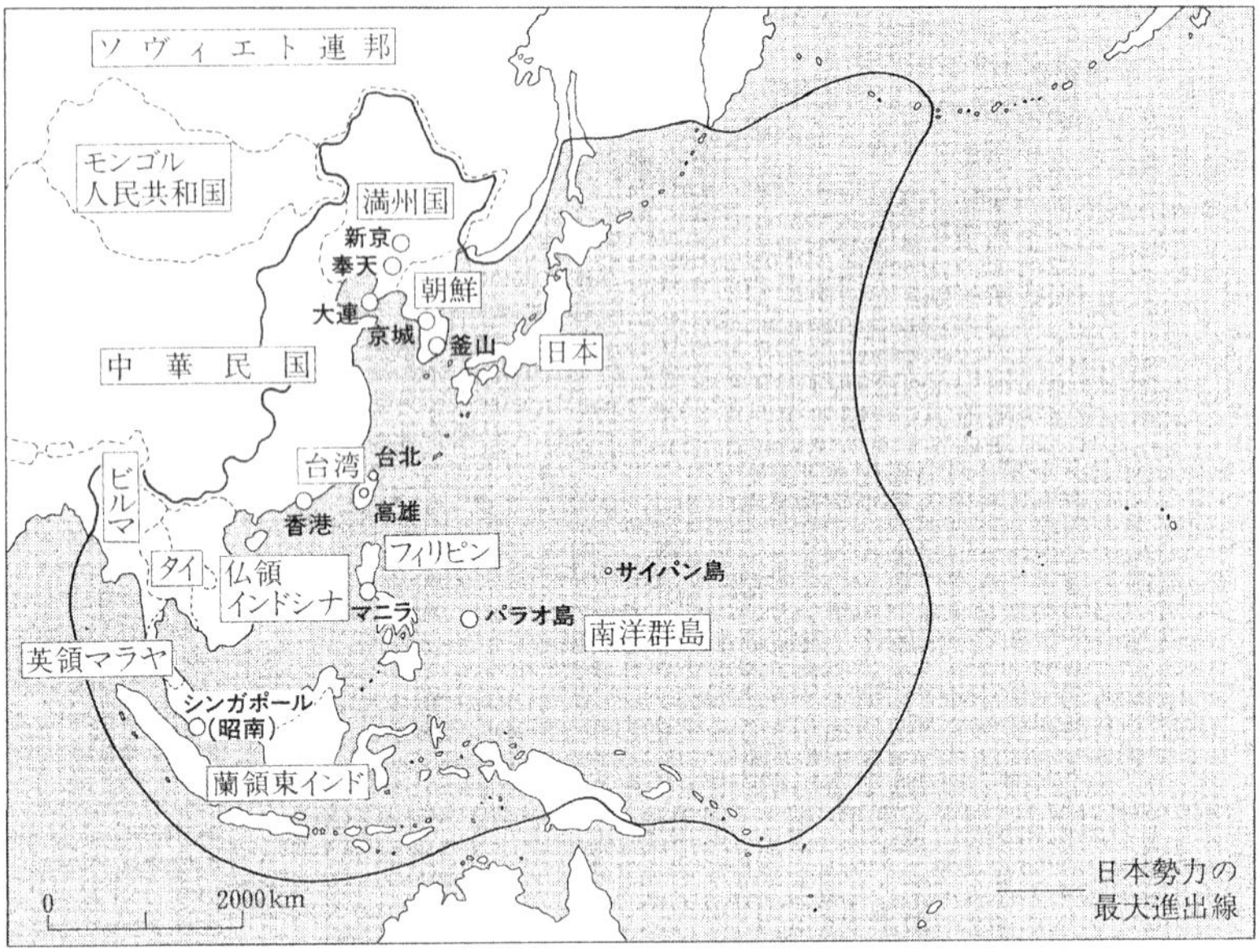

図1　1940年代の日本の勢力圏と植民地都市

いく場合である。台北・台南（台湾）、京城・平壌《ピョンヤン》・開城《ケソン》（朝鮮）など、朝鮮・台湾の伝統的城壁都市がこれにあたる。これらの都市では、内部に現地社会の独自の都市景観や経済活動が残り、これが日本人街と並行して発達していく場合もある。

さらに第三のタイプとして、奉天・新京《しんきょう》（長春《ちょうしゅん》）・哈爾浜《ハルビン》など既存の大都市の近郊に日本が新市街を建設して形成された都市があげられる。このタイプは満州に集中しているほか、日中戦争後に立案された華北の都市計画の中にも類似の発想がみられる。これらの都市では、中国人街と日本人街がまったく別個の都市空間を構成するとともに、両者の連結あるいは対抗がさまざまな形で残っていく。

もちろん、実際にはこれらの類型が重なり合うなど複雑な経過をたどっていたが、植民地都市形成の要因からみれば、このような三類型がおおむね該当するのではないかと考えられる。以下、この分類に沿いながら、いくつかの植民地都市の形成過程を具体的に眺めてみよう。

日本による新たな都市形成――第一類型

日本による朝鮮開港と釜山・仁川の形成

まず、第一の類型、すなわち日本の植民地化によって都市形成が始まった事例として、朝鮮・台湾・満州の代表的な港湾都市をとりあげてみよう。欧米的な国際法秩序に基づく開国を避けていた朝鮮に対して、日本は一八七五年に軍艦雲揚《うんよう》号を派遣して挑発し、七六年に日朝修好条規《にっちょうしゅうこうじょうき》を締結させた。この条約によって釜山《プサン》以外に二港を開港させ（のち仁川《インチョン》と元山《ウォンサン》に決定）、ここに居留地を置いた。

釜山には、江戸時代の日朝交渉の窓口として、草梁倭館《そうりょうわかん》《チョリャンウェグァン》が設置されていた。しかし、一八七六年に日本の専管居留地が設定されるまで、都市といえるようなものは存在していなかった。ここに日本が強い権益を持つ居留地《きょりゅうち》が設けられ、自治行政組織として居留民団が設立され、実質的な警察権や徴税権も日本が掌握した。空間的には江戸時代の倭館の敷地を中核として、そこに領事館などを置き、さらにその周辺を民間人の借地として編入するとともに、広大な埋立地を造成して税関や鉄道用地とした。その過程でロシアとの対抗はあったものの、ほとんど日本の独占的な勢力圏として都市建設が進んだ（『釜山市史』全四巻、同市、一九八九〜九一年）。

したがって、一九一〇年の韓国併合以前に、すでに居留地を中心として主要市街地の原型が形成されていた。ここが、植民地期にも本町・弁天町・富平町など日本人街の中心として発展していく。一方、朝鮮人居住地は日本人の増加とともにその周辺部に新たに形成されたもので、中心部では日本人街の周縁の南富民町・谷町・大新町にあったほか、郊外の草梁町・瀛州町・佐川町・凡一町などに大多数の朝鮮人が集住していた。このように釜山では、日本人の進出とともに都市形成が始まり、日本人街が都市の中心を占めたため、最近まで中心部には日本家屋がかなり残されていた（中野茂樹『植民地朝鮮の残影を撮る』

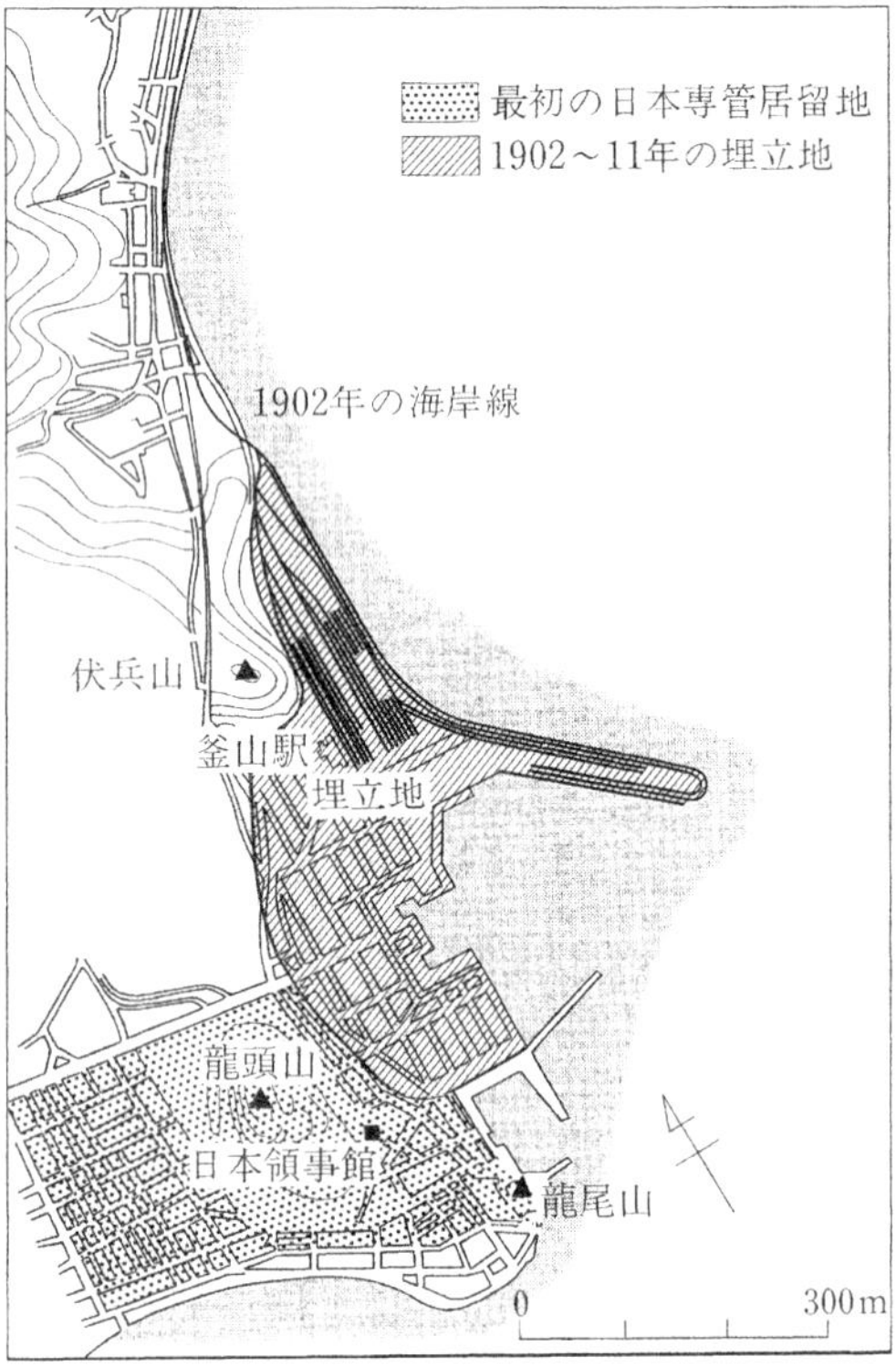

図2　釜山（1911年）

岩波書店、一九九〇年）。

一方、仁川でも開港とともに都市化が進展した。朝鮮王朝時代に地方官衙《かんが》として仁川府使が置かれていたのは、近代の仁川府の中心から外れた地点であり、仁川港は済物浦《チェムルポ》とよばれる小港にすぎなかった。ここに一八八三年に日本専管居留地が設定されたが、その面

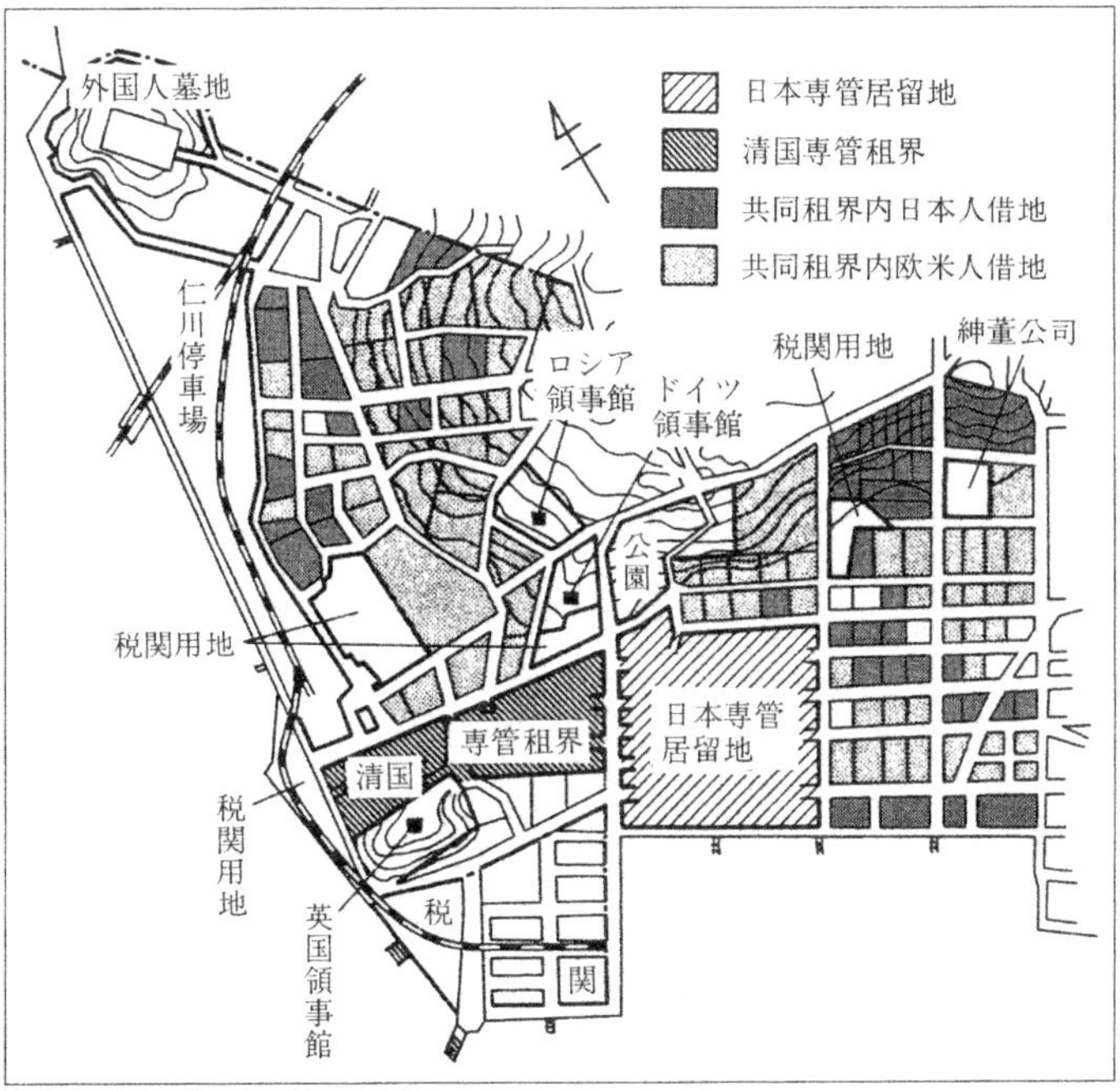
日本専管居留地
清国専管租界
共同租界内日本人借地
共同租界内欧米人借地
外国人墓地
仁川停車場
ロシア領事館
ドイツ領事館
税関用地
紳董公司
公園
税関用地
日本専管居留地
専管租界
清国
税関用地
英国領事館
税
関

図3　仁川（1911年）

積は釜山や元山と比較にならないほど小規模だった。そして翌年東側に居留地を拡張し、さらに海面を埋め立てたが、その外側には清国専管租界と日・英・米・露・独・仏の各国人が混住する各国共同租界が取り囲んで、大きな面積を占めていた。

したがって、日本人人口の増大とともに日本専管居留地は過密となり、しだいに共同租界への流出が始まり、ここも実質的に日本居留地のような様相を呈すようになった。こうして、仁川もしだいに日本人による都市形成へと向かっていくことになった。清国専管租界に居留する清国商人とは経済的競争が続いていたが、これも日清戦争を契機として日本側が貿易を独占して決着をみた。

このように、仁川では釜山と違って日本居留地が各国との対抗関係の中に置かれていたが、ここでも植民地化以前に主要市街地の原形が形成されていたのである。

台湾における築港工事と高雄・基隆

台湾では、日本の領有直後から、南の高雄《たかお》と北の基隆《キールン》で本格的な築港工事が開始され、港湾を核とする都市が形成されていった。高雄は、もともと打狗《ターコウ》dagou または打鼓《タークー》dagu とよばれていたが、その文字を嫌った日本人が、音の近い日本語の地名として高雄に改称した。

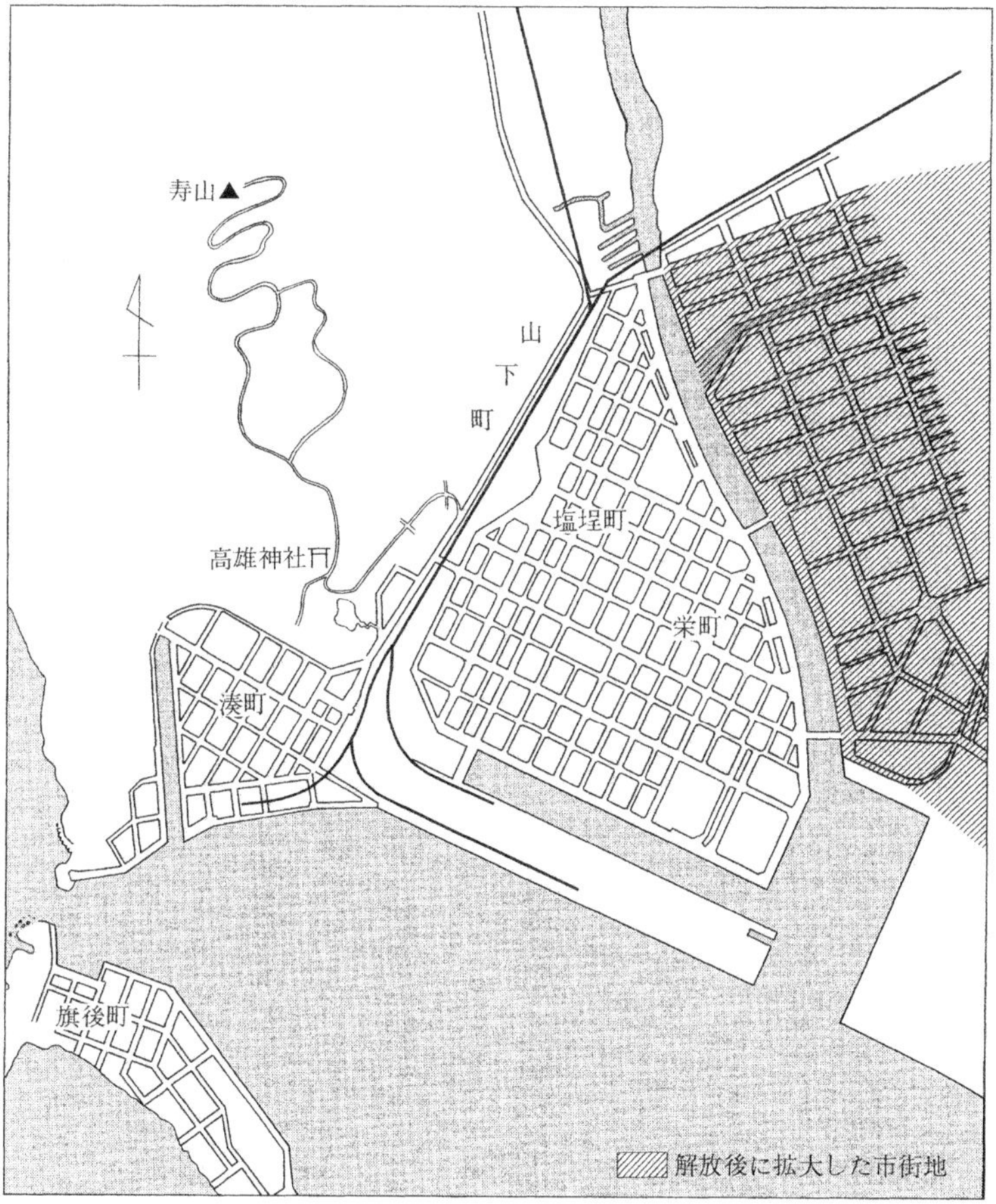

図4　高雄（1932年）

打狗は、オランダ東インド会社の時代から台南（安平港）の補助港として使われ、一八五八年には第二次アヘン戦争の結果、欧米に向けて開港された。打狗港は、長く伸びた砂州に囲まれた細長い湖状の入り江で、台風の波浪も防ぐことができる地形になっていた。しかし、港口に岩礁《がんしょう》や浅瀬が多いため清朝時代には港湾都市としての十分な発達はみられず、むしろ人口が多かったのは東にあって県城の置かれていた鳳山《ほうざん》だった。

そこで、日本による領有後の一九〇八年から大規模な築港工事が開始され、港口に水道を開き、南側に防波堤、北側に防砂堤が築かれた。そして、港に面した北側の地域を埋め立て、日本人の住む中心市街地が形成された。台湾縦貫鉄道の南端の起点も、ここに置かれた。のちに一九三〇年代になると、セメント、カーバイド、ソーダ、化学肥料など日本資本の重化学工業が次々に操業を開始し、工業の拠点都市となった。

こうして港湾・工業の発展とともに高雄の人口も増加し、一九二五年には市制がしかれた。しかし、発展の主導権は日本人が握っていたため、この時点で六万余りの人口の四割を日本人が占め、日本人中心に植民地都市が形成された第一類型の典型的な姿をみせていた。官庁は日本人街の中心の栄町に集中し、それを囲む塩埕《えんてい》町・山下町・湊町などに会社・銀行・工場が立ち並んでいた。また、港口をはさんで対岸の旗後《きご》町は貸座敷地区に指定され、歓楽街となった。さらに中心市街地の北の山上には、高雄神社が置かれた。

ちなみに、第二次大戦後の台湾で、台北に次ぐ第二の都市となった高雄では、中心市街地は日本統治下の都市形成とは無関係に、港の奥の東の方に移っている。

一方、この高雄と並んで植民地下の二大港となったのが、台北の北にある基隆である。基隆はもと鶏籠とよばれ、一七世紀初頭にスペイン人が進出したあと、オランダ人、さらに鄭《ジョン》《てい》成功《チョンゴン》《せいこう》政権の拠点になった。その後、清朝支配下で一八三〇年に対岸貿易の開港地とされ、第二次アヘン戦争のあと六三年に欧米にも開港された。さらに八五年に台湾省が設置された際、地名が鶏籠から同音の基隆に改称された。

このように基隆も高雄と同様、植民地化以前から対岸貿易や日中貿易の拠点港となっていた。しかし、近代的な港湾としては限界があったこと、後背地に都市の発達がみられなかったこともまた、高雄と同様であった。基隆の地形そのものは、三方を山に囲まれて北方に開いた深い湾で良港の条件を備えていたが、水深が浅く岩礁も多かったため、大型船の停泊には適さなかった。そこで台湾総督府は、領有直後の一八九九年から浚渫《しゅんせつ》工事と

図5　基隆（1932年）

防波堤の建設などを進め、一万トン級の船舶が停泊可能な港へと改築を開始した。同時に、基隆は台湾縦貫鉄道の北端の起点であり、日本に最も近い港であったため、移住する日本人も多く、急速に都市化が進んでいった。

植民地都市としての基隆は、二つの地域に分かれていた。一つは大基隆とよばれた港の西側の地区で、こちらが先に開け、鉄道の駅も置かれ、のちに台湾人の集住地となった。一方、港の東側は小基隆とよばれ、日本人が集住し、日本による都市計画が実施された。官庁・会社・銀行などが集まる中心地は、この小基隆の義重町《ぎじゅうちょう》や日新町だった。

基隆も高雄と同時に、一九二五年に市制がしかれたが、そのころ七万人余りになっていた人口の、四分の一が日本人だった。

ロシアの都市計画を継承発展させた大連

満州で、第一類型の典型として開港地から発展した都市としては、大連《だいれん》をあげることができる（大連市役所『大連市史』同所、一九三六年）。清朝時代の大連には、青泥窪《チンニーワー》とよばれる小集落があったにすぎなかった。やがて一八九三年にロシアが清国から旅順《りょじゅん》・大連の租借《そしゃく》権と東清鉄道の敷設《ふせつ》権を獲得し、旅順を軍港、大連を貿易港とするために港湾と都市の建設を計画した。

そして九九年の勅令でこの地が「遠方」を意味するダーリニイと命名され、都市建設が開始された。都市計画は、東清鉄道技師長ウラジミル＝サハロフが、二名のドイツ人建築家とともに立案した。市街地は、民族別に行政市街（ロシア人街）、ヨーロッパ市街、中国市街に三分される予定だった。このうち中心とされたのは、港、鉄道、南山に囲まれたヨーロッパ市街で、ニコラエフスカヤ広場（のちの大広場）をはじめとする複数の円形広場から放射状に街路が伸び、西には農事試験場や苗場を持つ公園（のちの中央公園）を置くことが計画された。

しかし、大連駅北側のロシア人街に市庁や官舎・銀行・病院などが建設されたところで、一九〇四年、日露戦争によりダーリニイは日本軍に占領されてしまった。占領後、日本軍は古地図にみられる中国語の地名「大連湾」からとった大連を都市名として採用し、大連軍政署を設置した。また、増加した日本人渡航者は、自治組織として大連市居留民会を創立した。

やがて〇五年にポーツマス条約が締結されると、ロシアが清国から奪った権益が日本に譲渡され、大連は日本の租借地となった。遼東半島の租借地全体は、日本によって関東州と名付けられた。ここに〇五年、軍事機関として関東総督府《かんとうそうとくふ》が設置され、〇六年に行政機関に改組されて関東都督府となったあと、一九年に行政・軍事が分離されて関東庁と関東軍が新設された。そしてこれらの機関の下に、大連の統治機関として大連民政署が設置された。

一方、これとは別に一五年に大連・旅順に特別市制が施行され、執行機関としての市長と議決機関としての市会が置かれた。しかし大連の基本的な行政は民政署の担当で、市が担当した業務は衛生・教育など一部に限られていた。このため、日本人住民の間では本国の制度に準拠した自治的な市制を求める声が強かった。市制発足時の人口七万七〇〇〇人余りのうち、日本人は四五%を占めており、このような第一類型の典型としての人口構成が「日本人の都市」としての自治意識を強めたのであろう。結局、一九二四年に関東州市制が新たに公布され、市の法人格を認め、市事務の制限を撤廃するなど、本国の市制に準じた制度に改正された。

一方、この間に大連の市街地は拡張されていった。大連を占領した日本軍は、ただちに大連専管区設定規則を公布したが、基本的にロシアの都市計画を踏襲《とうしゅう》し、旧行政市街・

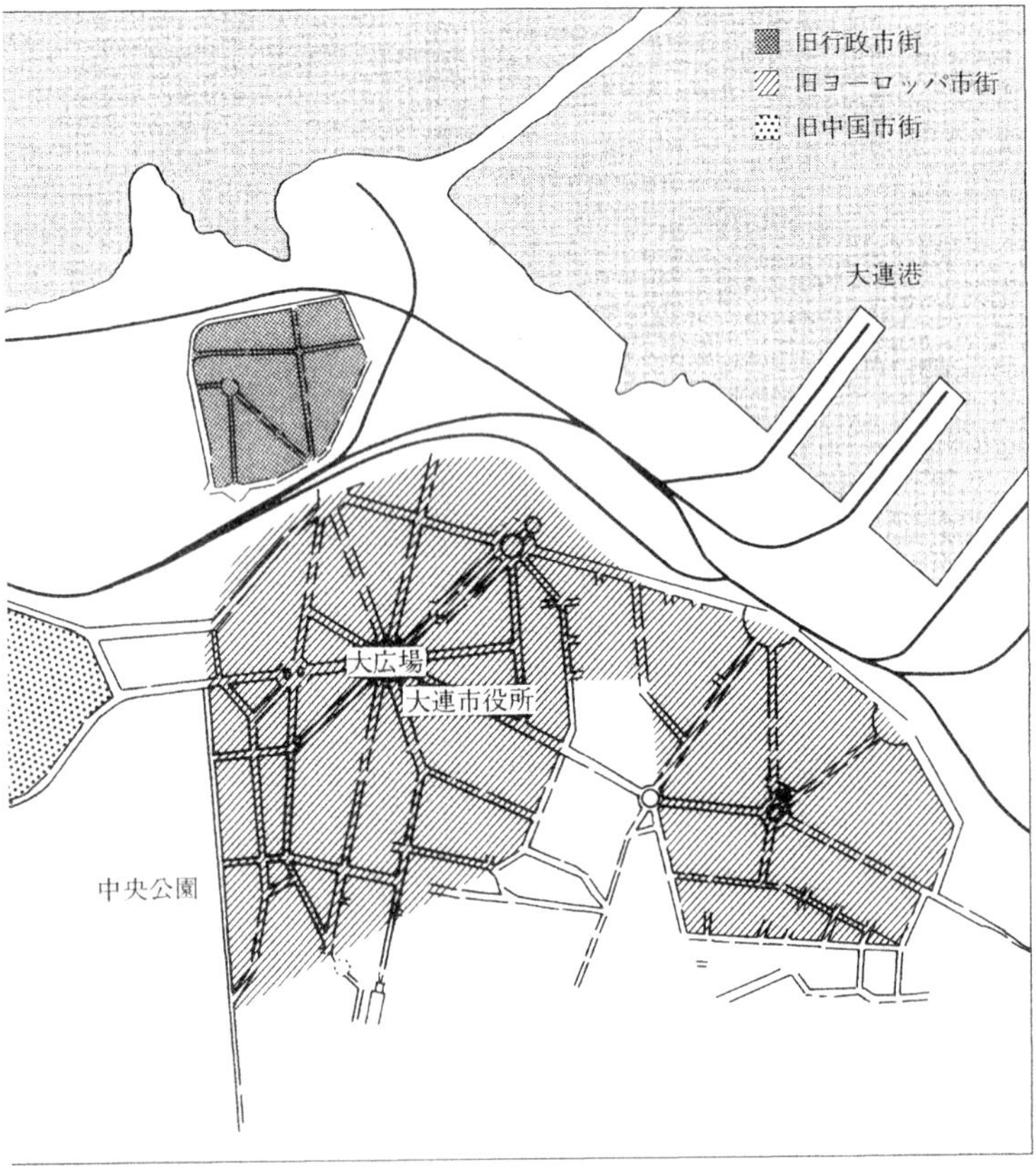
旧行政市街
旧ヨーロッパ市街
旧中国市街
大連港
大広場
大連市役所
中央公園

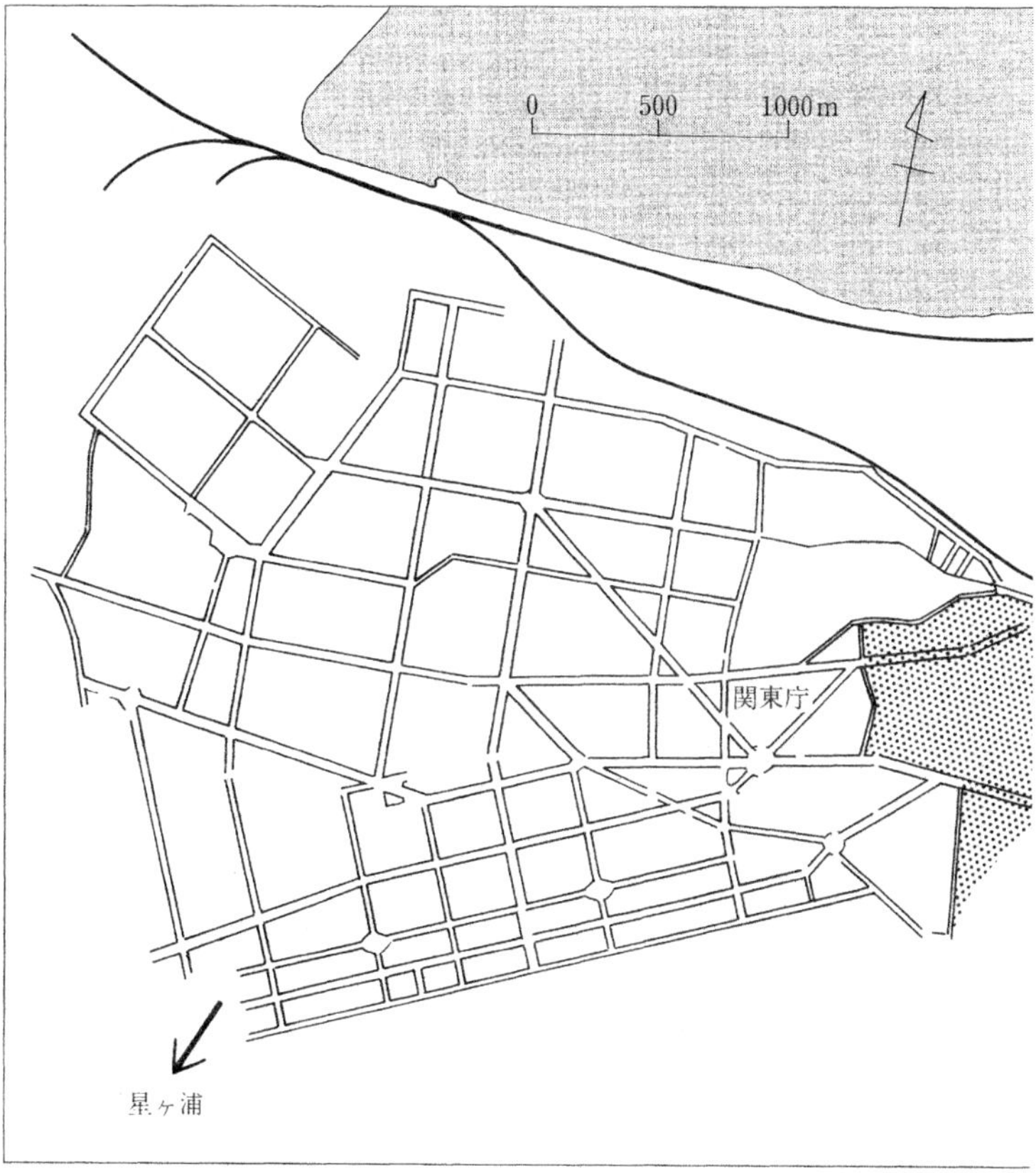

図6　大連（1932年）

ヨーロッパ市街を日本人居住地区と軍用地区に転用し、中国人居住地区はもとの計画通りに設置した。さらに、日露戦争終結とともに軍用地区は民生用に開放され、新たに西部には南満州鉄道の工場や社宅が建設された。中心部に建てられた官庁などは、新たな支配者としての威厳を意識して、ロシア時代に劣らない本格的な洋式建築で統一された。

やがて一九一九年には市域を拡張し、市区計画・地区区分・街路等級を制定した。地区区分は、住宅地区・混合地区・工場地区・商業地区の四つで、その間には大広場・中央公園・長者町広場などの公共空間が配され、西南の星ヶ浦は満鉄によってリゾート地として開発された。さらに一九三〇年代には甘井子《かんせいし》に工業地帯が計画された。

こうして、現在の大連の骨格は、すでに植民地時代に形成されていた。この点は、のちにみる第三類型の満州の都市でも同様である。一方、すでに述べた釜山・高雄・基隆では、解放後に都市の領域は大きく変貌し、植民地都市の外側に新たな戦後の都市が広がっていった。朝鮮や台湾と異なり、満州でだけこのような都市空間の継承性が目立つのは、日本の立案した都市計画の規模の大きさと、戦後の工業化や都市発展の停滞という二つの理由によるものである。

伝統的都市と植民地都市の二重構造――第二類型

次に第二の類型では、植民地化以前に伝統的な都市形成が進んでいたため、一つの都市のなかに支配者と被支配者の二重構造を持つ空間が形成された。その典型的な事例が、植民地下では京城府《けいじょうふ》とよばれていた朝鮮のソウルである。

六〇〇年の古都の上に築かれた京城

都市としてのソウルの源流は高麗《こうらい》《コリョ》時代にさかのぼり、一三九四年には朝鮮王朝の都として漢城府《ハンソンブ》が置かれた（ソウル市史編纂委員会『ソウル六百年史』同市、一九七七～九三年）。したがって日本人の進出以前に、すでに伝統的な城壁都市が形成されていた。ここに開国

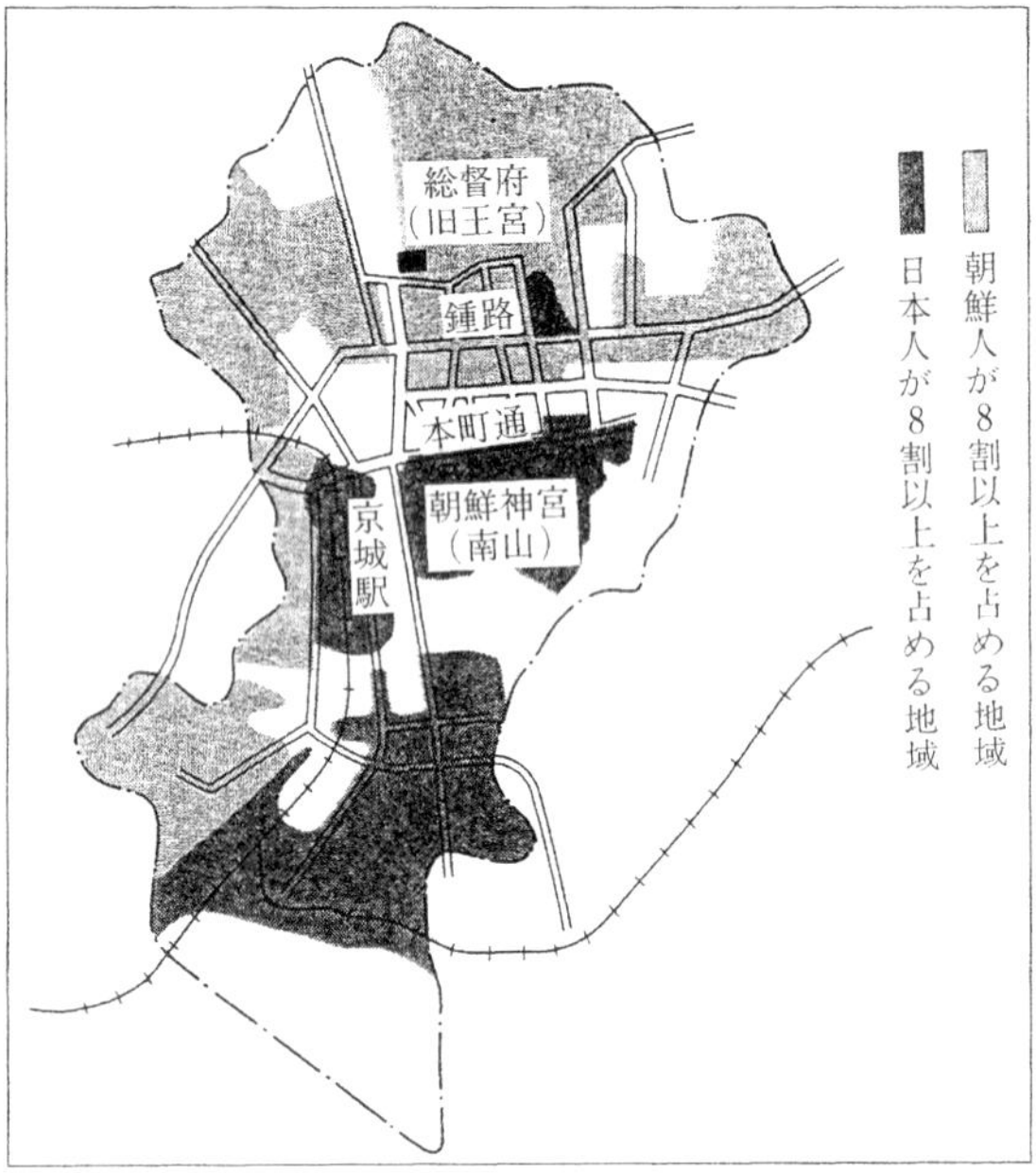

図7　京城（1935年）

後の一八八〇年、最初の外国公館として日本公使館が設置され、その後清国人・欧米人とともに日本人の居住が始まった。しかし、日本人街は南山山麓のチンコゲ（泥峴）という水はけの悪い場末の地だった。釜山《プサン》と違って中心部には既存の城壁都市があり、外来勢力としても日本は清国《しんこく》より劣勢だったことが原因である。

このような都市形成過程は、植民地期に入っても影響を残した（橋谷弘「植民地都市としてのソウル」『歴史学研究』六一四号、一九九〇年）。日本人と朝鮮人の居住地域は、旧城内を流れる清渓川《チョンゲチョン》を境として南と北に分かれ、一九三五年になっても「〇〇町」という地名のついた地域では日本人人口が五一％だったのに対して、「〇〇洞《どう》」という朝鮮式の町名の地域では日本人がわずか七％にすぎなかった。

また、居住地だけでなく商店街や娯楽施設まで二重構造がみられた。朝鮮人繁華街は北の鍾路《チョンノ しょうろ》、日本人繁華街は南の本町・黄金町・明治町を中心に形成された。そして、活動写真館から遊廓《ゆうかく》に至るまで、日本人向けと朝鮮人向けが別の町に建てられた。

このように、京城府では第一類型と違って近代以前から形成された朝鮮の伝統都市があったため、植民地都市となっても朝鮮人の都市空間が独自の領域を形成していた。

一方、一九二〇年代から目立つようになった農村から都市への人口移動が、京城府に新たな展開をもたらした。従来の日本人と朝鮮人の二重構造に加えて、人口の急増した周辺部と中心部との居住環境の格差が生まれたのである。

図８　京城府の日本人街（本町）

図９　京城府の朝鮮人街（東大門路）

一九一〇年代の土地調査事業と二〇年代の産米増殖計画は、植民地地主制の形成と下層農民の没落をもたらし、土地を失った農民は朝鮮内の都市や日本・満州へと移住していった。一方、京城府では一定の工業化が進展していたものの、膨大な流入人口を吸収できるだけの雇用機会を作り出すことができず、今日の発展途上国のような過剰都市化（over urbanization）が進行していた。したがって、周辺部にバラックを建てて「土幕民《どまくみん》」となる者が増加し、次章で詳しくみるように、第二次世界大戦後の発展途上国でみられる都市非公式部門（urban informal sector）のような雑業層を形成していた。

このような人口急増の結果、ソウルの市域も拡大する必要が生まれ、一九三六年には旧城内の外側の地域と、漢江《ハンガン》を越えた対岸の永登浦《ヨンドウンポ》を含む「大京城」が誕生した。

省都から植民地支配の拠点に転じた台北

台湾でも、台北・台南などで、規模や歴史はソウルには及ばないものの、植民地化以前から都市形成が進んでいた。台北の都市化の出発点は、西部の淡水河に面した万華《まんか》・大稲埕《だいとうてい》・旧城内の一帯であった（台北市役所『台北市政二十年史』同所、一九四〇年）。このうち最も早く集落が形成されたのが、のちに万華とよばれるようになった艋舺《マンガ》である。

前述のように、明代《みんだい》のスペイン人、オランダ人、鄭成功などによる対岸貿易は高雄《たかお》や基隆《キールン》を拠点としていたが、清代《しんだい》に入ると大陸から泉州人が移住して貿易港としての艋舺の開発が始まり、一八世紀の前半にはここに集落が形成された。のちに漳州《しょうしゅう》人も加わって人口は増加し、一九世紀前半には台南府・鹿港《ルーガン》《ろっこう》と並んで、「一府・二鹿・三艋舺」と称せられるほどの繁栄をみた。

一方、大稲埕は、一八五三年に艋舺で泉州人と漳州人の衝突があったあと、敗れた泉州人が移住して集落の形成が始まった。その後、台湾北部で茶栽培が盛んになると、その加工と輸出の拠点として発展した。そして、淡水河の土砂堆積《たいせき》などによって艋舺が衰退すると、かわって大稲埕が貿易港として栄えて大商人が集まり、アメリカ・ドイツの領事館も設置された。

台南に比べて都市形成に遅れをとっていた台北も、こうして発展の端緒をつかみ、一八七五年には清朝政府によって台北府が設置された。そして、初代知府の陳星聚《ツェンシンジュ》《ちんせいしゅう》は八二年に方形の城壁を完成させ、官衙《かんが》と市街地を開いた。この地域が城内である。

八五年には台湾省が設置されて台北がその省都となり、洋務派の劉銘伝《リウミンジュアン》《りゅうめいでん》が巡撫《じゅんぶ》とし

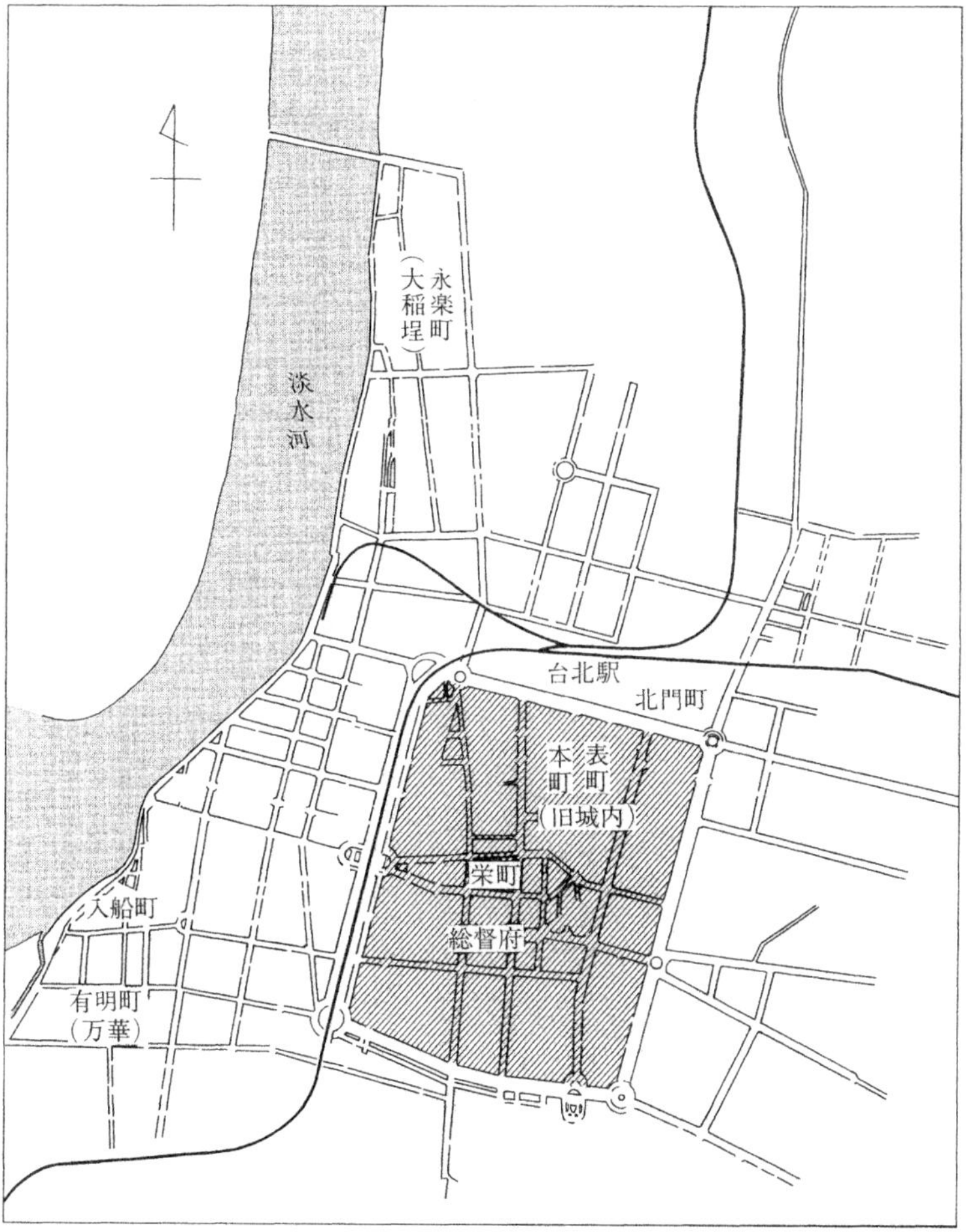

図10　台北（1930年）

て赴任して、台北は中国的近代都市として変貌をとげることになった。劉銘伝は電灯・電報・鉄道などのインフラストラクチャー（社会基盤）を建設し、都市整備のために大陸の商人資本を集めて興市公司《コンス》を設立するなど、台北を本格的な近代都市として形成するための諸政策を遂行した。

しかし、中国人の都市としての台北の発展は、日本による台湾の植民地化によって挫折した。日本は一八九五年に台北に台湾総督府を置き、初代民政長官の後藤新平《ごとうしんぺい》のもとで、城壁を撤去し、街路を建設し、上下水道を整備するなど、日本的近代都市の建設を進めた。さらに、一九〇一年の台風被害で在来の建造物が壊滅的な被害を受けたのを契機として、旧城内の中国式建築が一掃され、煉瓦《れんが》造・石造で三階建ての官庁・学校・銀行・会社などが林立することになった。

その結果、従来の台北の中心地は二分され、旧城内は鉄筋や煉瓦の洋式建築が並ぶ日本人集住地となった。ここでは「台北銀座」とよばれた栄町を中心として、台北駅との間の北門町・表町・本町に会社・銀行・商店が集中した。また、入船町は、貸座敷などが並ぶ歓楽街となった。これに対して万華（有明町）と大稲埕（永楽町）は、台湾人集住地とな

図11　台北市の日本人街（栄町）

図12　台北市の台湾人街（大稲埕）

った。この地域には、亭仔脚《テンアカー》とよばれる、東南アジアのショップハウスのようなアーケードを持つ煉瓦《れんが》造りの商店街が並んでいた。とくに大稲埕は、輸移出品の米や茶を扱う台湾人商店が軒を連ね、商業の中心地となった。また、中国の演劇を上演する永楽座や新舞台などの劇場や、城隍廟《じょうこうびょう》など、台湾人向けの娯楽や信仰の施設も置かれた。

こうして台北にも、先ほどのソウルと同様に、第二類型の特徴である支配と被支配の二重構造を持つ都市空間が形成された。

行政的には台湾領有とともに台北庁が設置され、さらに一九二〇年に台湾市制が施行されると同時に台北市として再編されたが、市の領域はこの間に周辺部を編入したのみで基本的には変わらなかった。市域が拡大したのは三八年に松山庄などを編入して「大台北市」になったときで、面積は約一・四倍になった。

既存の都市と植民地都市の並存——第三類型

日中の都市が並存して発展した奉天

最後に第三の類型では、既存の都市の近くに新たに日本の植民地都市が形成されたため、二つの都市が重ならずに並存していた。このタイプの都市は、中華民国の主権のもとに日本人が進出した満州で形成された。さらに、これらの都市では満州国の建国後に、日本の技術者によって大規模な都市計画が実施された。その典型的な事例は、満鉄（南満州鉄道株式会社）が中国東北支配の拠点として重視した奉天《ほうてん》（瀋陽《しんよう》）である。

奉天は元代《げんだい》に瀋陽とよばれ、すでにそれ以前から小さな城市を形成していた（『奉天経

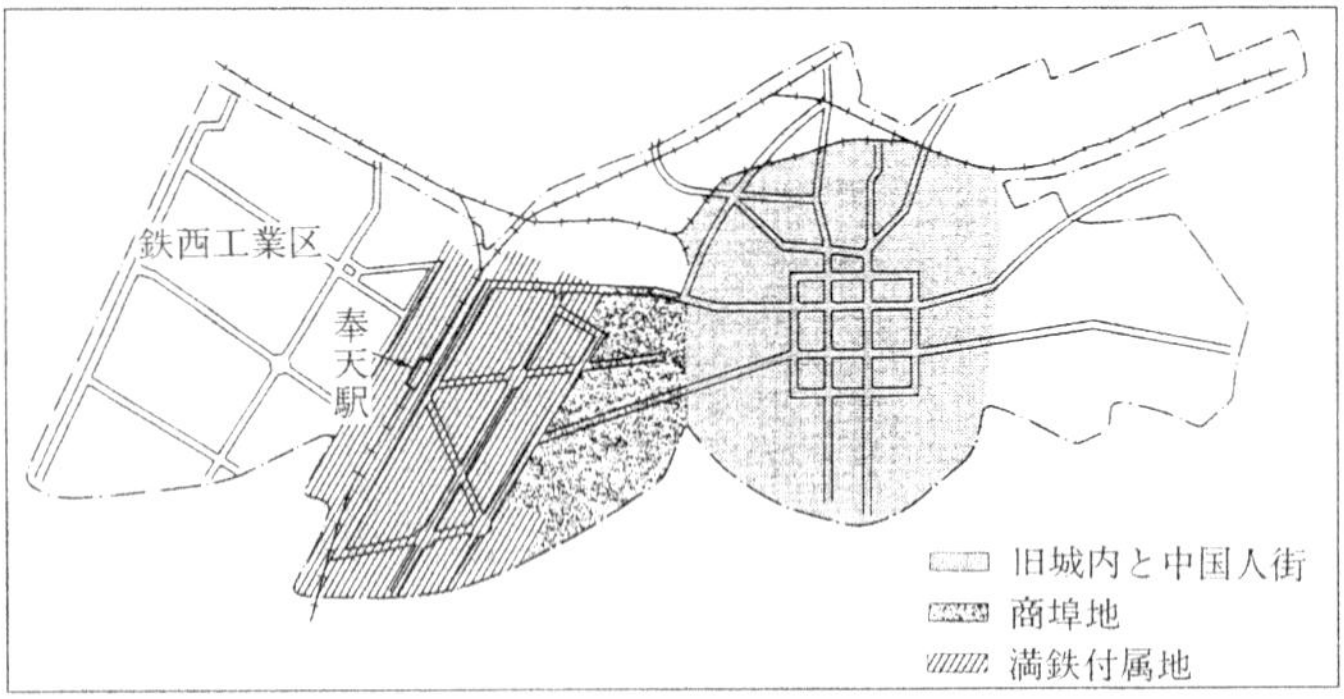

図13　奉天（1937年）

済二十年誌』奉天商業会議所、一九二七年）。さらに清代《しんだい》になると、一六二五年に遼陽《りょうよう》から都をここに移し、城壁などを整備したうえで盛京《せいけい》と改め、五七年に北京《ペキン》に遷都《せんと》するまで都が置かれた。その後一六五七年に民政機関の奉天府が置かれ、変遷を経ながらも東三省支配の拠点としての地位を保ちつづけていた。これが図13に示す城内で、基本的に清初の盛京の領域が継承されている。

ここに日露戦争を契機として日本人が進出した。しかし居住が許されたのは城内ではなく、その外に設定された居留地だった。これが図の商《しょう》埠《ふ》地《ち》であり、元来は満鉄付属地の発展を阻止するために、中国側が主導権を握って設置したものである。そして十間房から小西関にかけて多くの日本商人が集まり、総領事館や居留民会も設置された。

さらに、これに隣接する満鉄の駅を中心に、一九一〇年代初頭に新市街が建設された。これが満鉄付属地である。鉄道の経営権を手に入れ、鉄道用地という名目で広大な土地を取得して進出拠点とする手法は朝鮮でも行われていたが、ポーツマス条約による満鉄付属地の権益はそれを大規模化させ、満州における日本の都市建設の足掛かりとなっていった。ここにはそれまで小規模なロシア人集落があっただけだが、満鉄が新市街を建設するにつれて商埠地から日本人商人が移転し、中国官憲の意図に反して付属地が日本人の経済活動の中心として発展していった。

結局、奉天は中国人街（城内）、日本人街（満鉄付属地）、その両者の回廊あるいは緩衝《かんしょう》地帯（商埠地）の三つから構成されることになった。そして城内と商埠地で中国人人口が圧倒的に多かっただけでなく、付属地でも半数近くが中国人だった。このため、行政機関から通貨・商圏にいたるまで、日中間の分化・対立が現れただけでなく、むしろ中国人側が優位に立つ面も多かった。そして、満鉄付属地で日本による都市建設が開始されたあとも、城内ではこれに対抗して市区改正が実施され、道路の拡幅や洋式建築の新設が進められていた。第一・第二の類型と異なり、完全な植民地でなかった満州では、中国側の独自の都市形成が並行して続いていたのである。

しかし、「満州国」建国後の日本側の本格的な都市計画の実施とともに、両者の関係もしだいに変化していくことになった。たとえば三七年に竣工《しゅんこう》した奉天市公署は、旧商埠地の北側に置かれた。それまで三つに分かれていた奉天を一つにまとめるために、従来の中心地を避けていずれの地区にも偏《かたよ》らない立地条件が選ばれたのである。さらに、この周辺を官庁街にする計画が立てられたが、日本の敗戦とともに未完に終わった。

最先端の都市計画が実施された新京

一九三二年に満州国が建国されたときに、その首都とされた新京《しんきょう》（長春《ちょうしゅん》）も、奉天と同様に三地区が並存していた。

長春は、清朝初期にはモンゴルの公王の領地であり、漢族やモンゴル族の移住が禁止された封禁の地に属していたが、一七九一年からひそかに漢族の入植が許可されていた。漢族の人口増加にともない、一八〇〇年には長春庁が設置され、これを北方に移転したあと六五年に城壁が築かれた。その後、政庁の管轄区域が広がって吉林《きつりん》西路兵備道台、吉林西南路観察使が置かれたあと、中華民国が吉林道尹《どういん》公署を設置した。こうして中国の地方官庁を中心として形成されたのが、城内である。
一方、東清《とうしん》鉄道の敷設権を獲得したロシアは、一九〇一年に城内の北に寛城子《かんじょうし》駅を置き、その周辺に鉄道付属地を設定した。しかし、ロシアは本格的な都市建設に着手せず、状況が一変したのは満鉄の設立後だった。

満鉄と東清鉄道の接続点となった長春では、従来の寛城子駅の南に長春駅が新設され、この周辺が満鉄付属地となった。満鉄はこの広大な付属地で、一九〇八年から本格的な都市建設に着手した。格子《こうし》状の街路とロータリーを中心とする斜路が組み合わされ、洋式の公共建築が建ち並ぶ近代都市は、こうして出現した。中心市街地は吉野町で、銀座新道には歓楽街も現れた。

このような満鉄付属地の発展に対抗するために、中国側は奉天と同様に城内との間に商埠地を設け、緩衝《かんしょう》地帯とした。ここでは道尹公署も城内から商埠地に移され、一九一一年には公園・劇場・貸家などを経営する興業公司《コンス》が設立され、妓楼《ぎろう》も城内から移転した。こうして、長春でも城内・商埠地・満鉄付属地が、それぞれの機能を持ちながら並存する状況が生まれたのである。

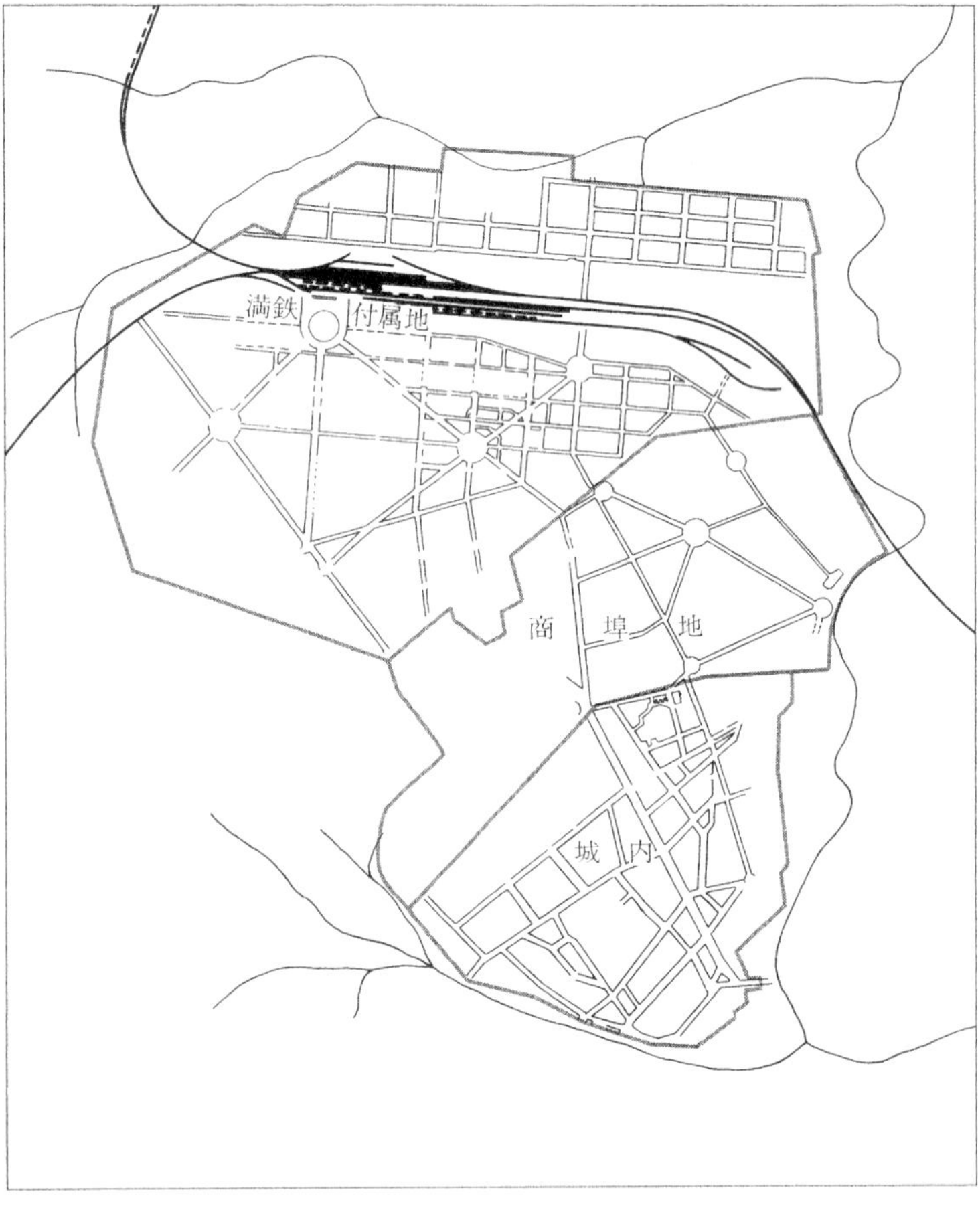

図14　長春（1918年）

しかし、この状況は満州国の建国によって一変した。長春は新京と改称されて新たな首都となり、満州国国都建設局と満鉄経済調査会が国都建設計画を立案した（越沢明『満州国の首都計画』日本経済評論社、一九八八年）。その都市計画には当時の日本本国の最先端の技術と人材が投入され、多心放射状と格子状を組み合わせた幅の広い街路と、洋式建築にアジア式の屋根を載せた「興亜式《こうあ》」の公共建築が建設された。

こうした都市計画は、市街化禁止区域の設定や親水公園の建設など、戦後の日本の都市計画の発想を先取りする側面があったとされる。しかし、新京時代の名残をとどめる現在の長春をみると、日本の敗戦で未完に終わったとはいえ、第二次大戦後の新興国の首都と共通するような、人工都市の空虚さを否定することはできない。

支配の構図

植民地都市の特徴

都市化のプロセス——過剰都市化と都市非公式部門

今日の発展途上国都市との類似

日本の植民地都市の形成過程と、その構造をみていると、今日の発展途上国の都市とよく似ている点があることに気づく。一般に、第二次大戦後の発展途上国における都市化の特徴として、首位都市（primate city）への集中、過剰都市化（over urbanization）、都市非公式部門（urban informal sector）の存在があげられる。

首位都市への集中は、途上国で農村から都市への人口移動が起こる場合、その国の首都など人口が最大の都市に移動先が集中する結果生じる現象である。これは、第二位以下の地方都市が、十分に発展できないような制約条件がみられることを意味している。

また、過剰都市化というのは、先進国では工業化などの経済発展と並行して都市化が進んだのに比べ、途上国では経済発展に先立って都市人口だけが急速に膨張してきたという特徴をあらわす言葉である。これに関連するのが都市非公式部門の存在で、もともと途上国の都市で職業調査をすると、公式統計の項目に分類できないような雑業層が多数みられることから提唱された概念である。

このような今日の発展途上国の都市にみられる特徴は、すでに日本の植民地都市のなかにも現れていた。その意味で、植民地期の都市化の進展は、欧米や日本本国の都市化と異なり、単純に「近代化」の指標としてとらえることはできない。

まず首位都市への集中の要因は、植民地支配のための政治的・軍事的拠点が一ヵ所に集約される一方で、在来社会の地域経済の発展が抑えられて地方都市が形成されにくかったためである。ただし、このような世界の植民地に共通する要因が、日本の植民地では、やや弱かった点も見逃すことはできない。つまり、日本の場合は本国からあらゆる階層の多数の日本人が植民地に移住して全土に展開し、しかも植民地工業化が進展したため、地方都市の一定の発展がみられたのである。したがって、首位都市への集中と地方都市の発展という、一見矛盾《むじゅん》する二つの動きが並行して起こった点が、日本の植民地都市の特徴だといえる。

また、過剰都市化と都市非公式部門の存在は、植民地工業化のあり方と関連していた。日本の植民地では、欧米の多くの植民地と違って、工業化が進展したことが特徴となっている。一般に欧米では、本国で産業革命が起こり、工業化が進展したのちに植民地支配が本格化した。したがって植民地は、本国の工業を支えるための原料や食糧の供給地、そして本国の工業製品の市場としての役割を負わされていた。そのため植民地では、農産物や地下資源など、限られた種類の一次産品だけを生産するモノカルチャー経済が形成されるのが普通だった。

ところが、日本の場合は本国の工業化と植民地支配が同時並行的に進展した。したがって、植民地の方が立地条件が勝《まさ》っていれば、本国と同じように重化学工業まで含む工業化が進められたのである。ただし、その工業化の水準は世界の植民地の中では突出していたが、第二次大戦後に韓国や台湾などアジアＮＩＥＳ（新興工業経済地域）で起こった工業化の水準とは、比較にならないほど小さなものだった。むしろ、日本の植民地工業は、今日の多くの発展途上国でみられる不十分な工業化の水準に近いものだった。

したがって、一定の工業化と農村の窮乏化によって都市への人口移動は活発になるが、都市では流入人口に見合うだけの雇用を作り出すことができず、不安定な雑業層が滞留することになった。これが、植民地都市における過剰都市化と都市非公式部門の拡大の背景である。

朝鮮における植民地都市化の進展

以上に述べたような日本植民地における都市化の構造を、朝鮮について具体的に確認してみよう。まず首位都市である京城府《けいじょうふ》への集中の度合いは、表2のようになっている。この一九四二年の統計によれば、京城府の人口が全人口に占める割合は四%にすぎないものの、都市（府部）人口に占める割合は三〇%で、二位の平壌《ピョンヤン》（一一%）以下を引き離している。しかし同時に、都市人口の一〇%前後を占める平壌・釜山《プサン》、六%の清津《チョンジン》・仁川《インチョン》・大邱《テグ》など、他の地方都市がいくつかの階層（都市ヒエラルヒー）を形成している。先ほど述べた、首位都市への集中と並行した地方都市の発展という特徴を、朝鮮でも確認することができる。

表2　朝鮮の都市人口（1942年末現住人口）（単位：千人）

都　市	人　口	朝鮮人	日本人	府人口に対する比率(%)
京 城 府	1,114	941	167	30
平 壌 府	389	353	32	11
釜 山 府	334	273	61	9
清 津 府	234	200	32	6
仁 川 府	220	196	22	6
大 邱 府	211	190	21	6
新義州府	128	103	11	3
元 山 府	122	106	15	3
咸 興 府	119	106	12	3
城 津 府	87	77	10	2
海 州 府	82	75	6	2
鎮南浦府	81	73	8	2
開 城 府	80	78	2	2
光 州 府	79	70	9	2
木 浦 府	72	64	8	2
大 田 府	70	59	11	2
全 州 府	65	58	7	2
群 山 府	56	47	9	2
馬 山 府	54	48	6	1
晋 州 府	54	51	3	1
羅 津 府	39	29	9	1
府人口	3,690	3,197	461	
総人口	26,361	25,525	753	

典拠：『朝鮮総督府統計年報』1942年版より作成。
注：人口には外国人も含む。

そして、都市化と工業化との関連をあらわした表3をみると、明らかに過剰都市化の特徴を示している。つまり、朝鮮の場合、この表の上にある先進国のように都市化率と工業化率がともに高まるのではなく、下にある途上国のように都市化率は高いが工業化率はそれほどではないというパターンを示している。

これは人口移動に関して、都市側で雇用が生まれて人口を引きつけるプル（pull）要因よりも、農村から人口が押し出されるプッシュ（push）要因の方が圧倒的に強いことを意味している。そして受け入れる都市側で、工業部門などの労働力需要が不十分なため、流入した膨大な農村人口は都市非公式部門の雑業層として滞留せざるをえなかったのである。

表3　都市化率と工業化率の比較　(単位：%)

国	年	都市化率	工業化率
イギリス	1851	33	36
オーストリア	1890	12	30
フランス	1856	11	29
スイス	1888	13	45
朝鮮	1930	10	6
	1940	20	7
インド	1951	12	11
アルゼンチン	1947	48	17
メキシコ	1950	24	8

典拠：朝鮮は『日本都市年鑑』1942年版，東京市政調査会，39頁，および溝口敏行ほか編『旧日本植民地経済統計』東洋経済新報社，1988年，79頁。それ以外は山崎春成『世界の大都市③　メキシコ・シティ』東京大学出版会，1987年，18頁，『マクミラン世界歴史統計』Ⅰ，原書房，1983年，171頁，『ヨーロッパ歴史統計　国家・経済・社会　1815-1975』下，原書房，1987年，278頁より作成。

注：1)都市化率は総人口に対する人口2万人以上の都市の比率，工業化率は就業人口に対する工業人口の比率。

2)イギリスはアイルランドを除く。

さらに朝鮮の特徴として、非公式部門も含めた朝鮮内都市の人口吸収力が不十分なため、排出された農村人口が朝鮮の都市ばかりでなく大阪など日本本国の都市へ向かっていくという、もう一つのルートがあったことにも注目すべきである。

このような人口移動の背景には、一九二〇年代の朝鮮で、本国の食糧不足を補完するために進められた産米増殖計画があった。「増殖計画」といっても、米の増産にはさほど成果をあげることができず、日本への移出量だけが増加して、いわゆる飢餓《きが》輸出が始まった。さらに、この過程で地主制が強化されて小作人の権利は弱くなり、水利工事などの費用も小作料《こさくりょう》に上乗せされたため、没落して土地を失う農民が増加した。その結果、南部の穀倉地帯から京城などの都市へ移住する人々が増え、それ以上に多数の人々が日本本国や中国東北へと渡っていったのである。

都市雑業層の形成

したがって、朝鮮では一九二〇年代にはすでに都市人口の増加が始まり、しかも旧市街地の周辺部に都市が拡大していった。朝鮮総督府でも、こうした現象に注目し、一九三〇年に各道警察部長に照会して、「最近数年間に於《お》ける戸数及び人口の増加著しく急激に発展せる部落」の事例を報告させている（朝鮮総督府『調査月報』三巻一二号、一九三二年一二月)。総督府が「新興部落」とよんだこのような集落は八三例あったが、そのうち二七例が「市街地付近に貧民・労働者・小商人等が居住」したものだった。

この、一九二〇年代後半に形成された「新興部落」のうち、たとえば京城府近郊の京畿《キョンギ》道《ド》高陽郡では、「府内に於ける貧民の流出と、郡部に於ける生活難に追はれたるもの上京し来たり、一時的土幕《どまく》を建て漸次改築して部落をなすに至る」「大正八年頃土幕を築造したるもの二、三ありたるが、其《そ》の後改造をなし、一面貧民集合し現今に至る」などと集落の形成要因と時期が説明されている。

また、京城府内外の「新興部落」在住朝鮮人の職業をみると、官公吏一三八、会社員七六、商業四九〇、労働者九一七三、その他一万五一三二となっている。「その他」の大部分はおそらく無職であり、「労働者」は工場労働者だけでなく人夫などの雑業層を含むと考えられる。このように二〇年代から形成された都市周辺の「新興部落」では、有業者のほとんどが雑業層であった。

さらに一九三〇年代に入ると、京城府内に「他人の土地を無断占拠して其の地面を掘下

図15　土幕民の集落（京城府向上台）

げ、或は柱を立てて古《ふる》筵《むしろ》、古トタン、古板等を以て簡単に原始的の土幕を築造」したいわゆる「土幕民」が急増し、「不良住宅」の増加とともに社会問題になっていた（市木孝嗣「激増する土幕」『京城彙報』二五五号、一九四三年二月）。その戸数と人口は表4に示すとおりだが、同じ京城府の調査を根拠とした数字でも大きな食い違いがあり、実際にはもっと多くのスラムが形成されていたと考えられる。この表の数字に限ってみても、一九四二年の土幕民の人口は、京城府の朝鮮人人口の四％にあたる。

こうした土幕民の職業は、前述の「新興部落」の調査結果と同様に、典型的な雑業だった。一九四〇年の土幕民二六四八人を対象とした抽出調査によれば、日雇労働三〇一人、職人（大工・木工等）八五人、職工（手工業中心）七一人、行商七〇人で、合わせて男子有業者の七一・六％にのぼっていた（京城帝国大学衛生調査部編『土幕民の生活・衛生』岩波書店、一九四二年）。

表4　土幕民の増加

年	1931	1935	1938	1942
戸数	1,536	3,576	3,316	7,426
人口	5,092	17,320	16,644	37,020

典拠：京城帝大「土幕民の生活・衛生」第1報（朝鮮総督府『調査月報』第11巻第10号，1940年12月）23頁，市木孝嗣「激増する土幕」（『京城彙報』第255号，1943年2月）29頁より作成。

また、同じ年の「不良住宅」を含めた七四二六戸の調査では、第一位が運送人夫で二三三五戸、これに土木建築人夫一五五六戸、職工九百余戸が続き、無職も約三九〇戸あった（市木前掲論文）。同じく四〇年の総督府厚生局の「土幕及不良住宅調査」（『調査月報』一三巻三号、一九四二年三月）によれば、三万三一一戸のうち、人夫が一万四〇五四戸で四六％を占め、この他に雑業層が大半と思われる行商人三〇二一戸、小商人一七〇五戸、その他三五〇五戸を合わせると、全戸数の七四％にのぼっている。一方、公式部門は、農業三七〇六戸、職工三一八七戸を合わせても、わ

表5　京城府人口の特徴(1930年)　(単位：%)

		京城府	全朝鮮
職業	農業	1.8	78.5
	水産業	0.0	1.2
	鉱業	0.3	0.4
	工業	23.3	6.0
	商業	30.3	5.8
	交通業	6.3	1.1
	公務自由業	18.2	1.9
	家事使用人	9.0	1.2
	その他	10.6	4.0
年齢	14歳以下	31.9	39.6
	15—59歳	63.2	54.3
	60歳以上	4.9	6.1
配偶関係	未婚	48.9	46.7
	有配偶	42.8	45.5
	死別離別	8.3	7.8
出生地	自府面生	45.5	64.3
	自府面以外	54.5	35.7

典拠：『昭和5年朝鮮国勢調査報告』より作成。

ずか二三%にすぎない。

さらに、以上のような雑業層の増加は一部のスラム地域に限らず、京城府全体の状況を象徴するものだった。たとえば一九三〇年の国勢調査の結果は表5のとおりだが、職業小分類（日本人を含む）で最も多いのが家事使用人で有業者の八・八%、次いで日傭七・四%、物品販売業主六・九%、店員・売子五・七%、露天商人等三・六%となっている。また、それ以降の動きを朝鮮総督府の戸口統計でみても、依然として「その他有業者」や商業の多さが目立っている。

「土幕民」の生活

　このような雑業層を代表する「土幕民」というのは、どのような人々だったのだろうか。先ほどから引用している京城帝国大学の『土幕民の生活・衛生』によりながら、その実態を紹介しておこう。

　土幕民という名称は、彼らの建てた粗末なバラックに由来している。そして、京城府の定義によれば、「河川敷、或は林野その他、官有地私有地を無断占居《(マヽ)》して居住する者」であり、今日の発展途上国でみられるスクウォッター（不法居住者）と同じような存在である。つまり、「最初場末などの然《しか》るべき空地に、何時《いつ》とはなしに粗末な小屋掛が建ち、それとなく看過してゐるうちに、同様な小屋掛が二戸、三戸と数を増し、そのうちには略々《ほぼ》家屋の形式を備へたものも混へる様になる。斯《か》くして数年を経過すれば、数十戸、数百戸、甚《はなはだ》しきは千数百戸の土幕が壁と壁を相接し、処々に生活必需品を売るさゝやかな小店も出来、一大土幕部落を形成するに至る」（一部省略しながら引用）というようなプロセスで集落が形成されていたのである。

　その家屋の実態は、図16・17に示すとおりで、京城帝大の報告書がA型とよぶものは

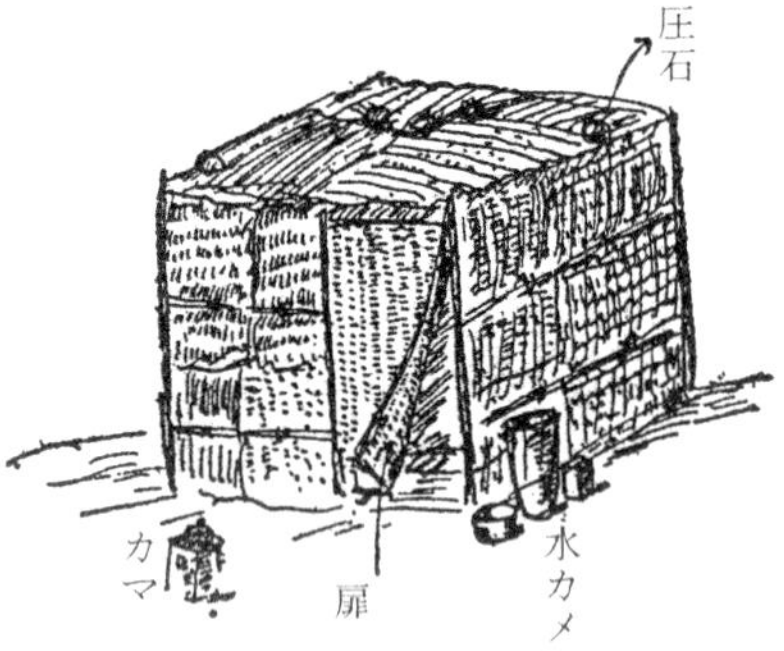

図16　A型土幕家屋

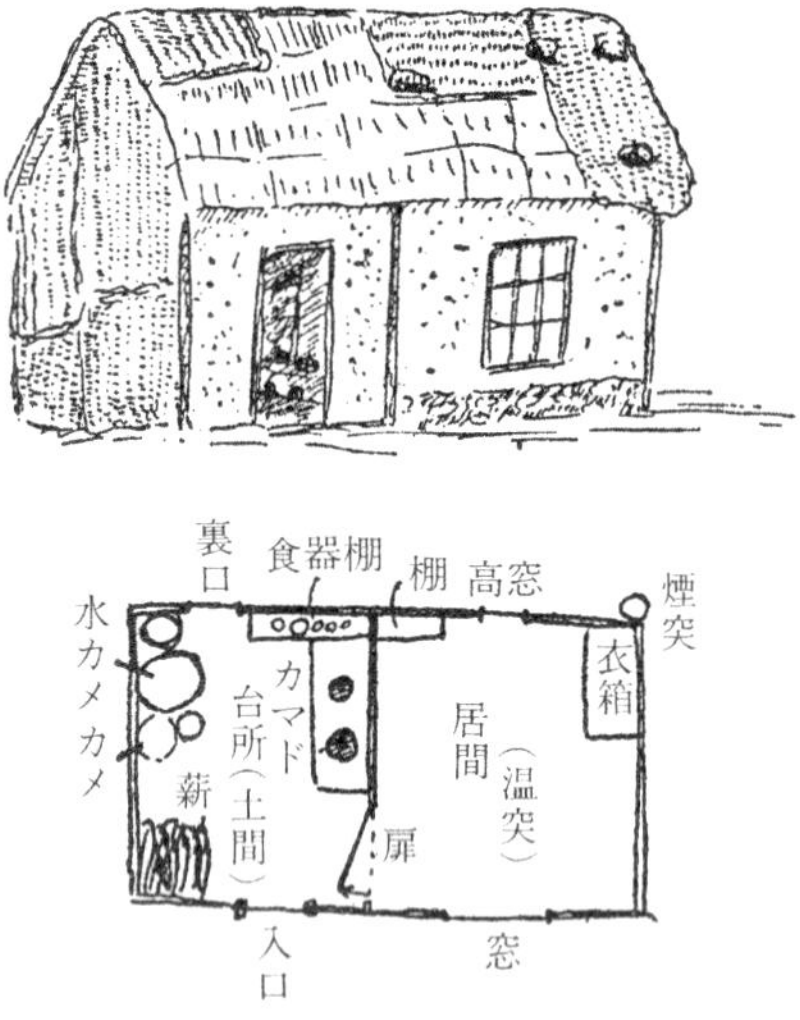

図17　B型土幕家屋

「最も原始的な土幕家屋で、端的に形容すれば藁屋《わらや》の柱と壁とを取去り屋根を直《じ》かに地面に据ゑた形である」とされる。また、B型は「最も普通にみられる形で……粗末ながら屋根と壁とを備へては居るが屋根は低く、内部も狭く、大抵一坪半位の一室を有するに過ぎない」。C型は、「前記B型が二つ繋がつたものと考へればよい。居間二室乃至三室を有する。最初B型であつて年を経るに従つて左右に建て増してかゝる型になつたものも少くない。但し二室を有する者は一室を他人に貸してゐる場合が多い」という。いずれにしても、一人当たりの居室の平均面積は、畳〇・九枚分にすぎない。

また、土幕民の出身地（原籍地）をみると、調査対象五五六戸のうち、京畿道が三四七戸で六二％を占め、このほか京城府二二四戸も都市出身者ではなく転籍したものが多いとされている。産米増殖計画の影響が大きかった南部出身者が意外に少ないが、それは彼らが日本本国に渡航することが多かったからで、報告書に引用された一九三六年の東京府の在日朝鮮人調査では慶尚南北道出身者が五七％、全羅南北道が一八％を占めている。いずれにしても、京城府の調査対象の世帯主のうち、六五％が農耕経験をもち、そのうち七一％が小作農だった。

以上のように、京城府の土幕民は窮乏化する農村から移動してきた没落農民が大半で、都市で安定した職業につくこともできず、劣悪な生活条件のなかで暮らしていくしかなかったのである。

京城府の工業

このように農村からの流入人口が都市非公式部門へ滞留した原因は、工業などの公式部門の人口吸収力が不十分であったためである。そこで次に、工業部門の雇用創出力の限界を確認しておこう。

まず表6で京城府の工業生産額の構成比をみると、食料品・紡織・機械器具・化学の比重が高い。また表8で朝鮮全体の構成比と比較すると、全国平均に比べ

表6　京城府工業生産額の業種別構成比(単位：%)

	1929	1933	1937	1941
紡織	7	12	29	26
金属	12	2	3	2
機械器具	7	7	8	11
窯業	1	3	2	3
化学	12	15	9	12
木製品	3	2	3	5
印刷製本	12	5	4	6
食料品	29	49	36	23
ガス電気	2	—	1	—
その他	15	5	5	12

典拠：『京城商工会議所統計年報』1930年版，京城商工会議所『京城に於ける工場調査』1939年版・1943年版より作成。

表7　京城府工業の主要業種の内訳(1937年)

		生産額		工場数		職工数	
		千円	同業種中の比率(%)	工場	同業種中の比率(%)	人	同業種中の比率(%)
紡織	綿糸・綿織物	34,170	85	3	4	4,469	55
機械器具	鉄道・鉱山用品	7,679	66	28	19	1,976	43
	修理業	525	5	32	22	421	9
化学	ゴム靴	4,301	36	22	19	1,870	53
	製薬	2,436	20	22	19	510	14
	練炭	1,118	9	8	7	287	8
木製品	和洋家具	1,043	24	49	27	799	33
	製材	931	21	13	7	156	6
食料品	精米	23,114	46	123	28	1,018	24
	酒類	11,101	22	48	11	830	19
全業種合計		140,522	—	1,511	—	34,527	—

典拠：表6に同じ。

て紡織・食料品の比重の高さと化学の比重の低さが目立つ。さらに各業種別で京城府の比重が高いのは、機械器具・木製品・印刷製本である。

これらの特徴は、統制経済・戦時経済の影響と、都市的需要の増大という二つの要因によってもたらされた。

表8　京城府工業生産額と全朝鮮の比較　（単位：%）

1937年	朝鮮工産額の構成比	京城府工産額の構成比	業種別京城府工産額の朝鮮工産額に対する比
紡　織	15	29	29
金　属	5	3	8
機械器具	2	8	70
窯　業	2	2	14
化　学	32	9	4
木製品	1	3	37
印刷製本	2	4	39
食料品	25	36	21
ガス電気	4	1	3
その他	12	5	6
計	100	100	15

典拠：前掲『京城に於ける工場調査』1939年版より作成。

戦時経済・統制経済の影響は紡織・機械器具の二つの部門でみられる。表6のような紡織業の比重の急増は、日本本国の経済統制の強化をきらった東洋紡や鐘紡《かねぼう》など日本大資本の進出によるものだった。そして、この部門は京城府の工業の中では例外的に中国東北まで含む他地域への販売を目的とするものだった。また機械器具工業で生産額・職工数の大半を占めていたのは、表7に示すように鉄道・鉱山用品である。これは戦時下でも需要の増大していた部門だった。同時に、鉄道用品に関しては官営鉄道工場の集中という首位都市的特徴にも規定されていた。このように、京城府の工業でも従来いわれてきた「兵站《へいたん》基地化」政策と関連する部分が相当大きな比重を占めていた。

一方、都市的需要の増大に応じていたのは、食料品・印刷製本・木製品と一部の機械器具工業だった。食料品の大半を占める精米と化学工業の練炭《れんたん》は京城府の消費需要に応じるものだったし、印刷製本は行政機関やマスコミの集中する首位都市の特徴を示すものだった。また、木製品の製材・和洋家具は住宅の密集地京城府の需要に応じる部分も多かったと思われる。機械器具でも修理業や簡単な組立業が少なからぬ比重を占めていたが、それは自動車・自転車・電動機・ミシンなど都市的需要に応じる品目だった。わずかに、酒類の麦酒《ビール》と化学工業のゴム靴だけは他地域の需要が大きかった。

また工場の規模をみると、工業化の進んだ一九四一年でも一〇人以下の零細工場数が全体の六六%を占め、三〇人未満では八八%に及んでいた（京城商工会議所『京城に於ける工場調査』一九四三年版）。

結局、京城府の工業は全体として軽工業・中小工場中心で、雇用の飛躍的増大に結び付くような重化学工業・大工場は少なかった。しかも大消費都市であり首位都市であるという京城府の特殊な需要に応じた工業化であり、日本への移出や朝鮮内の地域的分業を前提としない自己完結性の強い構造であった。紡織業だけが機械制大工業によって他地域を市場とする生産を行っていたが、家内工業の根強い残存をみればこの需要にも大きな伸びは期待できなかった。

したがって京城府の工業は、需要面からも工場規模からも、新たに大量の雇用機会を創出する原動力となりにくい側面をもっていた。その結果、典型的な過剰都市化、すなわち工業化に先行する都市化の条件が生まれていたのである。

植民地都市の住民――支配と被支配

日本人の比重と職業

日本の植民地都市には、あらゆる職業・階層の多数の日本人が住んでいた。欧米の植民地都市と比較しながら、このことを確認してみよう。まず、都市人口に占める日本人の割合は、東南アジアの植民地都市における欧米人の割合に比べて著しく高かった。たとえば一九三〇年のバタビアで欧米人の割合が七%、三六年のハノイで五%、四〇年のシンガポールでは二%にすぎなかった(『南方圏要覧』朝日新聞社、一九四二年)。これに対して日本の植民地では、表9に示すように樺太《からふと》を別にしても日本人が都市人口の一三~二八%を占めている。また被支配民族に比較すると、当然

表9　植民地における日本人の都市集中

		住民の民族別構成(%)		民族別の都市集中度(%)	
		日本人	被支配民族	日本人	被支配民族
朝　鮮 (1939)	全土	2.9	96.9	56.5	9.0
	都市	15.5	83.7		
台　湾 (1940)	全土	5.3	93.8	65.6	15.3
	都市	19.2	79.0		
関東州 (1940)	全土	14.7	84.8	95.9	41.3
	都市	28.3	70.7		
満　州 (1940)	全土	2.1	94.5	65.3	9.3
	都市	12.7	82.9		
樺　太 (1939)	全土	97.3	0.1	11.0	1.2
	都市	99.2	0.01		

典拠：『日本都市年鑑』1942年版，東京市政調査会，38・692頁，大蔵省管理局『日本人の海外活動に関する歴史的調査』満州編，210頁より作成。

注：1)被支配民族は外国人などを除いたもので、日本人との和は100%にならない。

2)満州の日本人人口はハルピンのみ朝鮮人を含む。

ながら日本人の都市集中度は高い。しかし、これだけ多数が都市に集中しながら、一方で農村在住者の比率も高く、台湾や朝鮮では日本人の四割前後が農村に住んでいた。これに対して欧米植民地では、ほとんどの欧米人が都市在住者だった。

一方、都市における職業別人口も、欧米と日本の違いが際立っていた。たとえば一九三七年のフランス領インドシナでは、欧米人の有業者の五三％が海軍軍人、一九％が官吏《かんり》だった（満鉄東亜経済調査局『南洋叢書第二巻　仏領印度支那篇』同局、一九四一年）。これに対して三〇年の日本の国勢調査をみると、京城では軍人が一一％、官公吏・同雇傭員は一四％、台北州（台北・基隆など）では六％と一七％、関東州・満鉄付属地では一一％と五％で、仏印《ふついん》に比べて軍人の比重が小さい。そしてその分だけ、日本人を相手にした商工業者や、家族の比重が高くなっている。

また、欧米人の男女比は一九二〇年のオランダ領東インドで女一〇〇に対して男一二四、三一年の英領マラヤで一八七、仏印では一六八である（満鉄前掲書仏領印度支那編・英領マレー編、拓務省『列国人口及移民統計』一九三六年）。これに対して三〇年の朝鮮の都市部では日本人男女比が女一〇〇に対し男一一四、同じく台湾の都市部で一一四、関東州では一〇六で男女がほぼ同数に近く、本国の一〇万以上都市の一一一と大差ない（『日本都市年鑑』一九三五年版）。

以上の数字をまとめると、次のような特徴がわかる。すなわち、日本の植民地は本国と距離的に近く、自然条件・文化・社会構造など本国との同質性が強かった。したがって植民地に大量の日本人が移住し、都市人口の中で日本人が高い比重を占めただけでなく、農村にもかなりの日本が居住していた。そして都市在住者には植民地支配者（官吏・軍人）だけでなく商工業や無職の者も多く、女子の比率も高かった。その意味では、本国の都市と同じような日本人社会を形成していた点が日本の植民地都市の特徴だといえる。

イギリスのインド支配との違い

このような日本の植民地支配の特徴をさらに確かめるために、世界の植民地の代表のようにいわれるイギリスのインド支配と比べてみよう。

一九三一年のセンサスによれば、インド・ビルマの総人口三億三五〇〇万人に対して、イギリス人はわずか一五万六〇〇〇人しかいなかった。しかも、イギリス人のうち六万人近くが軍人と警察官、四〇〇〇人が公務員だった。このように、軍人・警察官・官僚を中心とする少数のイギリス人だけで植民地を支配するというやり方は、先ほどみた東南アジアの欧米植民地と共通する特徴だった。

さらにイギリスの場合には、他のヨーロッパ諸国とも異なる徹底したエリート主義があった。つまり、「大陸諸国では植民地は落伍者《らくごしゃ》の行くところと見られがち」だったのに対して、イギリスだけが「植民地に優秀な人材を派遣することを目標にし、その努力を怠らなかった」といわれている（浜渦哲雄『英国紳士の植民地統治』中公新書、一九九一年）。

こうしたあり方を象徴するのが、インド高等文官（Indian Civil Servant）の存在だった。インド高等文官は、本国のインド省の官僚とは別個の組織として送り込まれた、強大な権限をもつエリート集団だった。彼らは一九世紀半ば以来、試験を通じた資格任用制によって選抜され、「イギリス本国社会の上層中産階級出身で、パブリックスクールを経て、オックスブリッジ（オックスフォード、ケンブリッジ両大学をまとめて呼ぶ表現）に学んだ、その社会的・知的背景をほぼ同じくするイギリス人青年たち」で、「『ジェントルマン的官僚の理想像』を体現した」（本田毅彦『インド植民地官僚』講談社、二〇〇一年）。さらに、アフリカなどを支配する植民地高等文官（Colonial Administrative Service）も、オックスブリッジ出身者が独占していた。

日本の植民地でも、高等文官試験に合格したキャリア官僚は少なくなかった（橋谷弘「一九三〇・四〇年代の朝鮮社会の性格をめぐって」、『朝鮮史研究会論文集』二七集、一九九〇年）。しかし、それは能力を基準とする資格任用制に基づくものであっても、出身階級を重視したものではなかったし、結果的にもそうなっていなかった。なぜなら、本国である日本の社会が、イギリスに比べて教育その他に基づく社会的流動性が高く、階級社会ではなかったからである。

しかも、イギリスのようなエリートが存在しないだけではなく、逆に下層階級の日本人が少なくなかった。このような特徴は、とくに「一旗組《ひとはたぐみ》」（中国や朝鮮に渡航して一旗揚げようと考える人々）の多かった初期日本人社会で目立っていた。

たとえば開港後の朝鮮の仁川《インチョン》に多数の日本人雑業層が移住したとき、彼らをみた日本人が顔をしかめ、「男子は労働者と雖《いえど》も、寒暑の別なく肌を脱ぎ、足を露《あら》はし、跣足《はだし》になることを禁じ、女子には平生其《その》身の廻りをたしなんで、裾をからげ、丸腰で歩るくなど、人の目障《めざわ》りになる悪風を禁じたなら」（小川雄三『仁川繁盛記』朝鮮新報社、一九〇三年）と嘆くような状況が出現した。日清《につしん》戦争の時にも、日本人人夫をみた朝鮮人が、「人夫を刑余の人同様に卑《いや》しみ且忌避《かつきひ》した」（前掲『京城府史』第二巻）。

したがって、在朝鮮日本領事館が一八八七年に発布した違警罪目《いけいざいもく》では、「公然裸体又ハ袒裼《たんせき》シ或ハ股脚《こきやく》ヲ露ハシ其他醜態《しゆうたい》ヲ為シタル者」を取締りの対象とした。日本本国の法令にも、同様の条文はみられるが、しかし、この条文はとくに「朝鮮の風習と著しく相違する為《た》め鮮人（ママ）の侮辱《ぶじよく》を受けることを顧慮したもの」だったといわれている（前掲『京城府史』第二巻）。

事実、併合直後の一九一一年六月の調査をみると、日本人一万七二八一人のうち官公吏雇員三四二八・軍人軍属五八に対して、商店員一四七八・下男下女一〇五五・諸傭人六八三・諸職工六〇九・芸妓酌婦《げいぎしやくふ》五一五・日傭稼《ひやといかせぎ》四九六・諸労働者二九〇という状態だった（京城居留民団役所『京城発達史』同所、一九一二年）。

このような職業構成は、植民地都市としての人口増加とともに変化していくが、雑業層まで含むさまざまな職業の日本人が住み、官吏・軍人の比重は高くないという特徴は、朝鮮以外の植民地にも共通していた。

このように、欧米と比較すれば本国の都市と同質性が強かったとはいえ、日本の植民地都市にも支配民族と被支配民族、近代社会と在来社会などの二重構造がみられたことも忘れてはならない。

居住地分化――支配と被支配

それを最も端的にあらわすのが、民族間の居住地分化である。欧米の植民地都市をみると、たとえばインドのカルカッタでは、一九世紀を通じてイギリス人居住地区（ホワイト＝タウン）とインド人居住地区（ブラック＝タウン）に分化した都市形成が進み、機能・景観・公衆衛生などの面で二重性が作り上げられていた。また、シムラ、ニュー＝デリーなどでも要因は異なるが同様の二重性がみられる（飯塚キヨ『植民都市の空間形成』大明堂、一九八五年）。

日本の植民地都市でも、たとえば京城府では、「北村」とよばれる朝鮮人居住区と「南村」とよばれる日本人居住区との居住地分化がみられた。京城では、一九一四年に伝統的な五部八面制という行政区画を廃止し、町名を朝鮮式の「〇〇洞《どう》」と、日本式の「〇〇町」という二通りに分けた。その結果、表10に示すように、二〇年以上たった一九三五年でも、両地域の日本人の比率は大きく異なっていた。

表10　京城府住民の二重構造（1935年末）

	日本人(A)	朝鮮人・外国人	総人口(B)	A/B(％)
「町」地域	99,689	94,224	193,913	51.4
「洞」地域	13,632	196,657	210,289	6.5
計	113,321	290,881	404,202	28.0

典拠：『京城商工会議所統計年報』1935年版，1－6頁より作成。
注：「町」地域は『京城府史』第2巻，536-540頁に日本人による命名の由来が掲載されているもの。

また、居住地域だけでなく商圏や娯楽施設まで二重性がみられた。たとえば朝鮮人向けの繁華街は北の鍾路《チョンノ しょうろ》通りだったが、日本人は南の本町通り・黄金町通りが中心だった。そして活動写真館も朝鮮人向けの朝鮮劇場・団成社・優美館と、日本人向けの喜楽館・大正館・黄金館・中央館に分かれていた。遊廓は東南の一角と龍山に集中していたが、一九二〇年代半ばの貸座敷経営者をみると、新町六三軒・弥生町二二軒はすべて日本人経営、これに対して西四軒町五一軒・並木町四二軒・大島町二九軒の経営者は二軒を除いてすべて朝鮮人だった（『京城都市計画資料調査書』京城府、一九二七年）。

その結果、たとえば京城生まれの作家梶山季之《かじやまとしゆき》が、小説『霓《にじ》のなか』で主人公に語らせているように、「京城に住みながら、梶は滅多に鍾路界隈を歩かない。そこは純粋な朝鮮人町で、ひとりで歩いていると何故かひどく心細い感情にしめつけられるからだ。極言すると不気味だった」というような断絶が生まれていたのである（このほか、文学作品を中心に二つの世界の断絶を紹介したものとして、川村湊『ソウル都市物語』平凡社新書、二〇〇〇年がある）。

このようにあらゆる面で支配と被支配の二重構造が形成されていたが、同時に欧米植民地と異なる特徴もみられた。それは文化や生活様式の面で、はじめから日本人が圧倒的に「優位」に立っていたわけではないという点である。京城府における日本人居住地は、南部の倭城台に日本公使館が置かれたので、この地域を中心として形成された。しかしカルカッタの場合と異なり、この地域はもともと泥峴（泥だらけの坂道の意）とよばれた場末《ばすえ》の町で、むしろ朝鮮人居住地より劣る土地だった。これは、漢城府が既存の城壁都市としてすでに発展していたこと、当時は朝鮮政府に主権があったこと、外来勢力としても日本は当初清国より劣勢だったことなどが原因だが、より重要なのは、先ほどから述べているように、日本人植民者はエリートだけではなかったという点である。

しかし、植民地支配の深化とともに、京城府でも日本人居住地と朝鮮人居住地の格差が拡大した。とくに、社会資本の整備や都市計画の施行とともに、日本人居住地の優位性は高まっていった。たとえば表11に示すように都市的社会資本の代表ともいえる上下水道・ガスが京城でも普及していったが、民族別の数字が明らかな水道をみると、朝鮮人への普及率が非常に低かったことがわかる。

そして、前述のような都市の膨張、つまり農村人口の流入と都市非公式部門の形成によって、さらに新たな二重構造が生まれた。すなわち、旧市街地における朝鮮人と日本人の二重構造に加えて、旧市街地と周辺地域の二重構造が形成されたのである。

このような京城の事例をはじめとして、釜山・奉天など、植民地都市としての形成過程が異なる都市でも、それぞれ居住地分化がみられた。そして、多くの場合は比較的単純な二民族間の分化だったが、多民族の混住地でも、日本の植民地都市では複雑な民族構成になりにくかった。これを確かめるために、多民族の混住地の事例として、哈爾浜《ハルビン》と仁川《インチョン》をとりあげてみよう。

多民族の混住地の場合

哈爾浜では大連などと同じく、ロシアの手で都市建設が始まった（越沢明『哈爾浜の都市計画』総和社、一九八九年）。そして中国領でありながら東清《とうしん》鉄道利権に基づいてロシア人が市制をしき、満州国建国まで外国人人口のほとんどがロシア人だった。ここに満州事

表11　京城府における水道・電気・ガスの普及状態（1925年）

・水道普及率

	総戸数(A)	給水区域内戸数(B)	給水戸数(C)	B/A(%)	C/A(%)
朝鮮人	48,431	47,116	13,688	97.3	28.3
日本人	20,598	19,442	17,476	94.4	84.8
外国人	1,163	972	921	83.6	79.2
計	70,192	67,530	32,085	96.2	45.7

・水道の使用形態

	専用(%)	計量(%)	私設共用(%)	官設共用(%)
朝鮮人	7.2	1.9	0.9	90.0
日本人	44.5	8.6	32.1	14.8
外国人	11.4	10.0	5.8	72.8
計	—	—	—	—

・電気・ガスの普及率

電灯使用戸数(D)	D/A(%)	ガス使用戸数(E)	E/A(%)
51,051	72.7	8,717	12.4

典拠：『京城都市計画資料調査書』京城府，1927年，8・191・369・371頁より作成。

注：水道の使用形態は，各民族別に総戸数を100として，各使用形態の構成比を示した。

変以後日本人が急増し、新中央駅を中心とする新都心や衛星都市を築いていった。したがって、哈爾浜での居住地分化はロシア人街（南崗など）、中国人街（傅家甸《ふかでん》など）、そして日本人街（新陽区など）の三巴《みつどもえ》となった。一九四〇年の三者の比率は、中国人八五％、日本人八％、ロシア人五％であった。

一方、仁川では、朝鮮の開港を契機として日本専管居留地・清国《しんこく》専管租界《そかい》・各国共同租界・朝鮮人集落が並立する形で都市が形成されていった（橋谷弘「釜山・仁川の形成」『近代日本と植民地』三、岩波書店、一九九三年）。このような居住地分化は、居留地制度廃止後の植民地期にも継承され、一九三〇年代になっても朝鮮人は松峴里などの都市外縁部、日本人は本町・仲町・浜町など中心部の旧居留地、中国人は支那町（ママ）などの旧租界に集中していた。そして一九四〇年における三者の比率は朝鮮人八九％、日本人一〇％、中国人一％だったが、三〇年ごろまでは中国人が四％ほどを占めていた（尹正淑「仁川における民族別居住地分離に関する研究」『人文地理』三九―三、一九八七年）。

このように、日本の植民地都市としては珍しい多民族の混住地を視野に入れても、日本人と被支配民族（中国人・朝鮮人）以外の第三の民族（ロシア人や華僑《かきょう》）の比重は小さかった。

欧米植民地の「複合社会」との違い

これに対して東南アジアの植民地都市では、欧米人と現地住民のほかに華僑《かきょう》（華人）やインド人を含む複合社会が形成されていた（ファーニバル『蘭印経済史』実業之日本社、一九四二年）。

華僑など第三の民族が入れば、西洋建築と伝統建築のほかに、チャイナタウンのショップハウスのような独特の都市景観が形成される。しかし日本の植民地都市では、ロシア建築の並ぶ哈爾浜や大連などを数少ない例外として、大多数は日本と現地の都市景観に二分されるだけで、第三、第四の別な景観の入り込む余地はなかった。

また、華僑やインド人の存在は、彼らを労働力として導入した欧米の植民地政策に起源を持ち、さらに商工業など彼らの経済活動が現地社会に大きな影響を及ぼしていた。これに対して日本の植民地では、日本人自身の移民政策が中心で、しかもそのほとんどが農業移民だった。こうした日本人移民と現地住民だけで、労働力は十分に調達可能であった。例外的に都市に華僑が住んでいる場合も、仁川のように近郊の野菜栽培に従事していて、その経済活動は限定されていた。

このような日本植民地の居住地分化の特徴は、さまざまな面で独立後の都市の姿を規定していく。何よりも決定的なのは消極的な影響、つまり大きな比重を占めた日本人が根こそぎ消えたこと、そして現地住民以外の民族（華僑・インド人）がほとんど存在しなかったことである。したがって東南アジアのように、今日まで植民地支配の痕跡を残すような複合社会が形成されることはなかった。

また、日本人がいなくなったあと、植民地期の居住地分化が形を変えて継承されるかどうかは、独立後の都市形成のあり方に規定される。たとえば台北など台湾の主要都市では、独立後の国民党政府が日本人家屋を接収し、そこに大陸からやって来た外省人《がいしょうじん》エリートを居住させたため、空間的には植民地期の居住地分化が担い手を変えて再現された（H. Gates, "Ethnicity and Class", in *The Anthropology of Taiwanese Society*, Stanford University Press, 1981）。一方ソウルでは、植民地期に未開発だった漢江の南に市街地が拡がり、そこに高級アパート群が建設されたため、空間的には植民地期と全く異なる、所得格差に基づく居住地分化が生み出された（金仁編著『都市地理学』法文社、一九八四年）。

神社と遊廓——日本植民地のシンボル

日本の植民地都市には、神社・遊廓《ゆうかく》・軍隊を欠かすことができなかったといわれる。しかし、たとえばインドでも軍隊の宿営地（cantonment）が植民地都市形成の出発点となり、そこに居住空間や社会的空間が加わっていったから（A. D. King, *Colonial Urban Development*, 1976）、軍隊の存在は必ずしも日本の植民地都市だけの特徴とはいえない。むしろ前述のように都市における軍人の比重は欧米植民地に比べて低いくらいである。そうすると、神社と遊廓こそ日本の植民地都市のシンボルといえるのではないだろうか。

神社と教会——欧米植民地との違い

もちろん、欧米の植民地にもキリスト教会が存在したし、売春婦もいた。しかし、日本植民地の神社や遊廓とは大きな違いがある。

欧米植民地のキリスト教会は、在留欧米人の心の拠《よ》り所であるだけでなく、被支配者に対する布教の拠点でもあった。とくにカトリック教会の入った植民地では、大航海時代以来の海外布教への組織的な取り組みの結果、現地社会にも多くの信者を獲得していった。そして、独立後にも教会と信者は残された。

しかし日本の植民地では、皇民化《こうみんか》政策による神社参拝《さんぱい》の強制などがあったにもかかわらず、心からの神社神道《しんとう》への信仰は生まれなかった。もちろん、独立後も神社が残った地域は皆無である。

一方、売春婦も欧米植民地都市には少なからず存在したが、彼女たちは被支配民族に出自をもつか、あるいは日本人・中国人など他の地域から流れ込んだ女性たちであった。支配者である欧米人自身が売春婦となる事例は、一般的に多いとはいえない。しかし日本の植民地では、被支配民族の売春婦ばかりでなく、日本人の売春婦や、その他の風俗営業に従事する日本女性が多数生活していた。

それは、本書で繰り返し述べているように、日本の植民地都市には、本国から官僚や軍人などの支配層ばかりが移り住んだわけではなく、本国の都市がそのまま移植されたような住民構成をもつという特徴のあらわれであった。したがって、神社とともに遊廓の存在に日本の植民地都市の特徴をみることは、あながち的外《まとはず》れとはいえないのである。

日本植民地の総鎮守

第二次世界大戦前に日本の植民地・占領地などに造営された神社は、官国幣社《かんこくへいしゃ》だけで一八社にのぼった（小笠原省三『海外神社史』海外神社史編纂会、一九五三年）。このうち官幣大社《かんぺいたいしゃ》は朝鮮神宮・扶余《ふよ》神宮（未完成）・台湾神宮・関東神宮・樺太《からふと》神社・南洋神社である。

このような植民地神社の代表的な事例を、いくつか並べてみよう。

まず台湾の総鎮守《そうちんじゅ》として、一九〇〇年に台北市に台湾神社を設立することが告示され、翌年に鎮座祭《ちんざさい》が行われたあと、四四年には天照大神《あまてらすおおみかみ》を祭神に加えて台湾神宮に昇格した。もともと台湾神社の祭神《さいじん》とされたのは、大国魂《おおくにたま》・大己貴《おおなむち》・少彦名《すくなひこな》と、北白川宮能久親王《きたしらかわのみやよしひさ》である。大国魂・大己貴・少彦名は、日本の北海道にある札幌《さっぽろ》神社の「開拓三神」と同じであり、はじめての植民地として領有した台湾への視点をうかがうことができる。こうし

図18　台湾神宮

図19　朝鮮神宮

た大国魂への祭祀《さいし》のなかに、異国の先住の神々に対する丁重な処遇の念を読み取る見解もあるが（嵯峨井建『満州の神社興亡史』芙蓉書房出版、一九九八年）、いずれにしても日本国内の版図《はんと》拡大と同様の視点で台湾領有をとらえる見方自体が問題を含んでいたと考えるべきであろう。

また、北白川宮能久親王は台湾領有をめぐる戦いで戦病死し、のちに教科書で神格化された皇族で、これも植民地支配の視点を象徴している（駒込武「異民族支配の〈教義〉」、『近代日本と植民地』四、岩波書店、一九九三年）。台湾神社（神宮）でも、皇民化政策の下で参拝が強要されたが、日本の敗戦後は撤去されて跡地にはホテルが建っている。

次に、朝鮮の総鎮守として京城府の南山に置かれた朝鮮神宮は、天照大神と明治天皇を祭神としていた。前身の朝鮮神社は、一九一九年の三・一独立運動直後に設立が告示された。植民地下で最大の民族運動への弾圧と同時に設立された点に、この神社の役割が象徴されている。それ以前に南山にあったのは、朝鮮王朝を開いた李成桂《イソンゲ》《りせいけい》や天神・山神・水神などを祭る国師堂だった。

そして二五年に鎮座祭を行う際、朝鮮神社から朝鮮神宮に昇格した。やがて戦時下の皇

図20　奉天神社

民化政策のもとで、朝鮮人にも神社参拝が強要されたが、日本の敗戦後には社殿が撤去され、旧境内は南山公園として市民の憩いの場となっている。

満州では、台湾や朝鮮のような日本領とは事情が異なるが、一九四四年に官幣大社の関東神宮ができるまで、奉天《ほうてん》神社が中心的な位置づけを与えられていた。奉天神社は、一九一五年に大正天皇の即位を機に着工され、翌一六年に完成した。祭神は、朝鮮神宮と同じく天照大神と明治天皇である。日本本国で、明治天皇と昭憲皇太后《しょうけんこうたいごう》を祭る明治神宮が着工されたのが一九一五年のことだから（完成は二〇年)、本国とほぼ同時に満州や朝鮮で明治天皇を祭る神社が計画されていたことになる。

この奉天神社は、台湾神宮や朝鮮神宮と同様に、奉天神宮への昇格や満州神社への改称をねらったが、結局、果たせなかった。しかし、満州各地に奉天神社から分霊された神社ができるなど、満州の神社の実質的な中心だった。本国の神社から分霊せずに、満州だけで完結する「神のネットワーク」ができ上がっていたのである。

ミクロネシアや東南アジアへの拡大

さらに、完全な日本領としての植民地以外にも、神社は拡がっていった。たとえば日本の委任統治領だった南洋群島(ミクロネシア)の総鎮守として、パラオ諸島のコロール島に天照大神を祭神とする南洋神社が建てられた。この神社は、日本が満州国支配を非難されて国際連盟脱退を通告したあと、一九三五年に南洋群島委任統治の継続が決まり、その直後に設立が計画された。木材を各村から供出させて勤労奉仕で建設され、戦時下には島民の参拝が強要された。戦況悪化にともない神体はバベルダオブ島に移され、社殿は爆撃で破壊された。

また、いわゆる「大東亜《だいとうあ》共栄圏《きょうえいけん》」を提唱して東南アジアへの支配を拡げたあと、一九四二年にシンガポールで昭南《しょうなん》神社が建てられた。シンガポールを占領した日本は昭南特別市を設置し、捕虜《ほりょ》を使役してブキティマ高地に忠霊塔、マクリッチ貯水池畔に昭南神社を建設した。神社の敷地は伊勢神宮の地形に似た場所が選ばれ、日本から檜《ひのき》材を運んで社殿が建てられ、華人・マレー人などにも参拝させた。この神社は、日本の敗戦後に爆破された。

植民地神社のもつ意味

このように、日本の植民地に次々に建立された神社の第一の役割は、日本人社会の精神的統合の核となることだった。したがって、神社は植民地都市のみならず、日本人の住む農村部にも建てられていった。

このような機能を果たす場合には、祭神は必ずしも国家神道固有の神でなくてもよかった。たとえば釜山では、江戸時代に日朝交渉の担い手だった対馬藩《つしまはん》が、朝鮮王朝から草梁《そうりょう》倭館《わかん》（チョリヤンウェグァン）という施設を与えられていた。そこに祭られていたのは、海上守護のための金刀比羅《ことひら》大神や住吉《すみよし》大神で、それが植民地期に受け継がれて龍頭山神社として信仰を集めた。また、一九一二年に満州における初期の神社として朝鮮国境の街に建てられた安東八幡宮は、これを寄進した建設業者の間組《はざまぐみ》の意向を受けて、その氏神《うじがみ》の八幡《はちまん》神を九州筥崎《はこざき》から分霊した。八幡神は応神《おうじん》天皇に結び付けられるが、しかし、ここでは天皇崇拝を意識したものではなく、日本古来の八幡信仰のあらわれによるものであろう。同様に、各地の植民地神社に祭られた天照大神も、皇威発揚《こういはつよう》のためというより、庶民的な伊勢信仰のあらわれと考えられる。

そして、このような地域の氏神としての神社は、日本人社会の精神的支柱として重要視された。たとえば、満州国建国後の一九三七年に、満鉄付属地における日本の治外法権《ちがいほうけん》が撤廃された。このとき、満州在留日本人が固執したのは、教育行政・兵事行政とともに、神社行政を満州国政府に移管せず、日本本国政府の手に残すことであった。その結果、在満州国日本大使館に教務事務官が置かれ、神社行政は教育行政とともに在満教務部の管轄下に入ることになったのである（外務省条約局『外地法制誌』第六部、一九六六年）。

しかし、植民地神社はこのような日本人の信仰のためだけでなく、植民地支配のシンボルとしての機能も担っていた。前述のように、明治天皇や北白川宮のような近代の皇族を祭神とする神社は、明らかに庶民信仰から出たものではない。なかには、台湾神宮の「開拓三神」や各地に祭られた大国魂のように、日本の手で植民地を「開拓」するという意図

図21　建功神社

を象徴する神もあった。

もう一つ、植民地支配のシンボルの事例として、台湾の建功《けんこう》神社をあげることができる。この神社は、一九二八年に台北市の林業試験場内に建立され、「明治二十八年改隷《かいれい》以降台湾に於ける戦死者、準戦死者、殉職《じゅんしょく》者、準殉職者、殉難《じゅんなん》者を以て祭神とす」（台湾総督府告示）という、台湾版の招魂《しょうこん》社（護国《ごこく》神社）だった。一九三九年の時点で祀《まつ》られていた戦死者等は一万六八〇五人だが、うち三六二〇人は台湾人（少数民族を含む）である。その社殿は、日本・台湾（中国）・西洋を合わせた奇怪な様式が採用されていた。

やがて一九三〇年代に皇民化政策、つまり

朝鮮人・台湾人に日本人化を強要する政策が推進されると、神社参拝が一種の「踏み絵」となった。そして朝鮮・台湾では、「一面一社」「一街庄一社」をスローガンに町村ごとに神社・神祠《しんし》を造営させ、一九四五年には朝鮮七九社、台湾六八社の神社（神祠を除く）が存在していた。そして、たとえば一九三九年度の台湾神社の参拝者をみると、日本人三九万五九九七人に対して、台湾人三八万二三七一人、少数民族（「高砂族」）八六七人で、台湾人が日本人とほぼ同数になっている。一九〇一年には日本人二万七三八一人に対して台湾人四〇二六人だったのに比べれば、この間の政策の変化を物語っている数字である。

さらに朝鮮では、一九四〇年の施政三十周年と「紀元二六〇〇年」を記念して、百済《くだら》《ペクチェ》の古都扶余《ふよ》《プヨ》に扶余神宮を建立する計画が立てられた（孫禎睦『日帝強占期都市計画研究』一志社、一九九〇年）。これも皇民化政策の一環として、「日鮮同祖論」のシンボルとする意図があった。したがって祭神は記紀に登場する「三韓征伐」の神功皇后《じんぐう》・応神天皇や、「白村江《はくそんこう》の戦」の斉明《さいめい》・天智《てんじ》天皇が選ばれた。しかも、この扶余神宮を中心として土地区画整理を行い、外苑などを設けて「神都」を建設する計画まであった。しかし、これらの計画は完成することなく敗戦を迎えた。

このように、皇民化政策をはじめとする植民地支配の象徴として神社が利用された結果、むしろ被支配者からの強い反発を受け、ほとんどの植民地神社が日本の敗戦後に徹底的な破壊を受けることになったのである。

植民地神社の末路

皇民化政策による神社参拝強制などに加え、神社神道は布教によって個人を入信させるという発想を持たなかったため、神社は欧米植民地の教会と対照的な末路をたどった。

現在でも、多くのアジア・アフリカ・ラテンアメリカの旧植民地都市では、教会が中心部にそびえて住民の信仰を集めている。しかし日本の旧植民地をみると、台湾神宮はホテル、朝鮮神宮は南山公園の一部になって跡形もない。ほかにも神社の跡に公園や博物館などの公共施設が設けられている例が多いが、これは、市内の最も見晴らしのよい丘に神社が建てられていたためで、被支配者からみれば目障《めざわ》りな存在であっただろう。なかには、朝鮮の扶余神宮の基壇の上に百済の忠臣を祭る三忠祠が建てられたり、台湾の基隆神社の跡に忠烈祠が建てられるなど、それぞれの民族主義のシンボルとしての施設に建て替えられたところもある。

こうした神社の破壊は、敗戦による植民地支配の崩壊と同時に始まった。そして、それは「引揚《ひきあ》げ」という、日本植民地特有の現象にともなうものだった。

たとえば朝鮮では、敗戦時の日本人人口は、中国東北からの流入者を含めて九〇万人以上にふくれ上がり、さらに一八万人の旧日本軍が残されていた。そこでアメリカ軍政庁は日本人の引揚げを指令し、四五年一〇月から一二月にかけて計画輸送をほぼ完了して、四六年三月には日本人の残留を禁ずる布告が出された。この過程で注目すべきなのは、軍政庁が職業を指定して引揚げを急がせた対象が、軍人・神官・芸妓《げいぎ》娼妓《しょうぎ》だったことである。この事実は、引揚げの実務担当者によって、「日本民族の海外進出の特異な前衛を指摘するかのごとくであった」と回想されている（森田芳夫『朝鮮終戦の記録』巌南堂書店、一九六四年）。

そして多くの神社では、引揚げに先立って「昇神式《しょうしんしき》」を挙行し、人間に先立って〃神様〃を帰国させた。いうまでもなく、これは皇民化政策への反発を自覚した神官たちが、朝鮮人による神社の破壊を恐れて、自ら神体を焼却・埋蔵した儀式だった。朝鮮以外の各地の植民地神社でも、このような「昇神祭」が行われていた。

満州でも、各地で神体を背負って動座《どうざ》させたり、昇神祭を行ったりした事例が伝えられているが、すべての地域で整然と儀式が進行したわけではなかった。たとえば、第一次試験移民団として一九三三年に佳木斯《チャムス》近郊に入植した弥栄村《いやさか》では、村民が天照大神を祭る弥栄神社を建立し、各地の開拓村神社のモデルとなっていた。しかし敗戦時の回想をみても、神体がどうなったかははっきりせず、そのまま放置されたのではないかという（嵯峨井前掲書）。ここは農村で、植民地都市ではないが、神官がおらず住民自らが祭っていた神社では、このような事例も多かったにちがいない。

植民地の売春婦たち

先ほどの朝鮮の事例で、米軍政庁が引揚げを急がせたのが軍人・神官・芸妓娼妓だったことにあらわれているように、日本の植民地都市を象徴するもう一つの施設が遊廓《ゆうかく》だった。

九州から東南アジアや中国へ渡っていった「からゆきさん」の例をあげるまでもなく、日本女性が明治初期から海外に売春婦として流出していたことはよく知られている。植民地都市もその例外ではなかった。

日本人の進出とともに売春婦が渡航した事例は枚挙にいとまがないが、たとえば奉天では、一九〇六年度下半期の居留民会支出予算四九〇〇円のうち、なんと一六五〇円が梅毒《ばいどく》の検査費と検査医の給料などにあてられていた。一方、収入の方も六〇〇〇円のうち芸妓酌婦賦課金が三六〇〇円を占めていた。三六年になると収入に占める比重こそ減少したものの、支出では「特種婦人衛生費」が依然として一割にのぼっていた（『奉天居留民会三十年史』同会、一九三六年）。

台湾における遊廓と異国趣味

台湾では、領有当時、台北城内には遊廓が存在せず、淡水河《たんすいが》の河港である万華《まんか》の台湾人遊廓街に日本人も出かけていた。その後、一八九六年に新竹《しんちく》に初の日本人経営の遊廓ができ、台北城内にもしだいに遊廓が増えていった。

その後も万華（有明町）は遊廓街の中心となり、一九四〇年に妓楼《ぎろう》が二五軒あって、二二〇人の娼妓を置いて営業していた。興味深いのは、娼妓のなかに朝鮮人が二割、四二人も含まれていたことである。その具体的な背景はわからないが、妓楼のなかに朝鮮楼、新朝鮮楼、半島楼などの名前がみえることから、明らかに朝鮮人であることを「売り物」として営業していたことがわかる。

図22　万華遊廓

このほか、台北市内には芸妓の検番が三ヵ所あった。台北検番（新起町）は日本人芸妓一二四人、万華共立検番は日本人芸妓三一人を抱えていたが、大稲埕検番だけは台湾人芸妓専門で一一四人が所属していた。大稲埕は、植民地期に永楽町とよばれていた台北北部の台湾人の盛り場で、日本人の盛り場である栄町と双璧をなしていた。ここは、もともと清朝時代から茶商などの集まる対岸貿易の拠点であり、台湾人の信仰する城隍廟《じょうこうびょう》や、中国演劇を上演する永楽座なども置かれていた。

ここを紹介した当時の文章によれば、「台湾に歩を印したる時には一度は此所《ここ》に来て本島（注―台湾）服の長着に身を飾つた美女達の艶麗《えんれい》極りなきサービスを受けるか、又台湾料理を食しつ、噎《むせぶ》が如き胡弓《こきゅう》を奏し旅愁を唆《そそ》る月琴《げっきん》を弾じさせて芸姐《げいしゃ》（原注―台湾芸者）の哀調身を震はす唄を聞くのも旅情を慰める一方法であらう」（前掲『台北市政二十年史』）といわれている。

同じ日本の植民地でも、台湾と朝鮮では日本人の接し方、感じ方が異なっていた面がある。万華の台湾人娼妓や大稲埕の台湾人芸妓のなかに、このような一種のエキゾチズムをみていたことも、当時の独特の台湾観を示すものかもしれない。さらに想像をたくましく

図23　台湾芸姐

すれば、その対極に先ほどの朝鮮人娼妓の存在があったのではないだろうか。

朝鮮における遊廓と民族間格差

朝鮮では、すでに併合前の一九〇〇年に釜山、〇二年に仁川、〇五年にソウルの日本人居留地に遊廓が作られていた。これらの遊廓は場合によって移転をともないながら植民地期に引き継がれ、京城の新町、釜山の緑町、仁川の敷島町などの遊廓街を形成していった。そして、一六年に貸座敷娼妓取締規則が公布されるなど、当初から日本本国と同様の公娼《こうしょう》制度がしかれ、そのほかに多数の私娼がいた（孫禎睦『日帝強占期都市社会相研究』一志社、一九九六年）。

そして、ここでは、日朝間の格差をあらわす二重性がみられた。たとえば京城府では、日本人経営の遊廓は新町と弥生町に集中し、朝鮮人経営の遊廓は西四軒町・並木町・大島町に集中するという二分化をみせていた。また、一九二六年の仁川の例では、日本人娼妓の前貸金は三ヵ年で一〇〇〇円から二〇〇〇円であるのに対し、朝鮮人は二五〇円から三〇〇円が多かったといわれる（『廓清』一六巻八号、一九二六年八月）。

さらに注目すべきなのは、総人口では朝鮮人が日本人を圧倒的に上回っていたにもかかわらず、表12のように、当初は日本人売春婦の方が多数を占めていたという事実である。

図24　新町遊廓

この数字は警察に登録された人数なので、私娼も含めた実数をあらわすものではないが、それにしても、日本人の手によって本国から植民地に売春制度が移植されていったことを物語る数字であろう。

しかし、植民地支配が年を重ねるにしたがって、

表12　朝鮮における芸妓・娼妓・酌婦の人数

年	職種	日本人	朝鮮人	合計
1920	芸妓	1,336	1,224	2,560
	娼妓	2,289	1,400	3,692
	酌婦	705	868	1,573
1930	芸妓	2,156	2,274	4,430
	娼妓	1,833	1,370	3,205
	酌婦	442	1,241	1,685
1940	芸妓	2,280	6,023	8,305
	娼妓	1,777	2,157	3,934
	酌婦	216	1,400	1,616

典拠：『朝鮮総督府統計年報』各年版による。
注：合計には外国人も含む。

日本人売春婦と朝鮮人売春婦の数は、やがて逆転していくことになる。その原因はわからないが、おそらく農村の窮乏化をはじめとする朝鮮人貧困層の増大が一因であることはたしかだろう。

朝鮮人妓生の実態

もう一つ、娼妓とは別に朝鮮人芸妓、つまり妓生《キーセン》について紹介しておこう。一九一八年に発行された、『朝鮮美人宝鑑』という本がある。発行所として朝鮮研究会と新旧書林という名が並んでいるが、発行人は京城新聞社長だった青柳綱太郎である。この本には、全国の妓生六〇五名が写真入りで紹介され、その特徴や得意とする技芸が、ハングル混じりの漢文で記されている。

ここに掲載されているのが当時の朝鮮人妓生のすべてではないだろうが、六〇五名のうち四八七名が京城の茶洞にあった漢城・大正・漢南・京和の四つの検番に属している。そして、年齢別には九歳から一五歳が一一三名、一六歳から二〇歳が三四六名、二一歳から二五歳が一二二名、二六歳から三三歳が二四名という分布である。年長者は『美人宝鑑』に載りにくかったとしても、未成年者が七割近くを占めるという比重には驚かされる。

彼女たちの出身地をみると、京城府二〇〇人・大邱府九六人・平壌府一五一人を合わせると、全体の七割を超えており、この本に収録された妓生に限っていえば都市出身者が圧倒的に多い。

以上のような内容もさることながら、この『美人宝鑑』の発行の経緯が気にかかる。この本が発行された一九一八年といえば、朝鮮全土で三・一独立運動が展開される前年である。しかも、日本語のまったく使われていない本の読者が、日本人であったとは思えない。にもかかわらず、発行者は『京城新聞』社長の日本人である。朝鮮人の売春業者については、「親日勢力の育成を図るのに売春業の構造は格好であった」といわれているが（宋連玉「植民地支配における公娼制」『日本史研究』三七一号、一九九三年七月）、妓生の検番《けんばん》についても、同じように当初から親日的な行動を示していたのかもしれない。

移植された公娼制度

植民地支配から解放されたあと、一九七〇年代あたりから、日本人男性が台湾や韓国へ大挙して「買春観光」に出かけ、社会問題となった。このとき、売春制度がそれらの地域の固有の文化であるかのように論じる風潮もみられた。

しかし、これまで述べてきたように、遊廓の存在は日本の植民地都市の特徴の一つであり、日本の支配下で公娼制度が法的に認められていたことは、紛れもない事実である。たとえば朝鮮では、開港直後から釜山と元山《ウォンサン》の居留地に外務省が貸座敷の営業を許可し、一九一六年には「貸座敷娼妓取締規則」が制定されて娼妓の存在が公認された。もちろん、これらの制度は植民地に特有のものではなく、日本本国で施行されていた公娼制度を移植したものである（宋連玉「日本の植民地支配と国家的管理売春」『朝鮮史研究会論文集』三二号、一九九四年一〇月）。

もちろん、日本による植民地化以前に売春が存在していた事例もみられる。しかし、少なくとも日本統治下で売春を禁止したことはないし、それどころか本国の公娼制度を持ち込み、多数の日本人売春婦が移り住んで営業していた。その意味で、近代になって制度化された売春は、日本の植民地支配によって移植され、それが戦後にまで残存することになった「負の遺産」の一つであるといえるだろう。

日本の植民地支配の特徴——本国との「同質性」

植民地支配と都市

この章を通じて明らかにしてきたように、植民地都市には、日本の植民地支配の特徴が象徴的に現れていた。そのなかでも、とくに目立つのが、欧米の植民地にほとんどみられなかった「本国との同質性」であろう。

たとえばP・ドウスは、日本帝国主義の特徴を「地理的に隣接し、基本的な文化的特徴が日本と共通するところが多くある地域に帝国主義的支配を及ぼした」点にあると指摘している（『帝国という幻想』青木書店、一九九八年）。そのうえで、B・アンダーソンが国家を「想像の共同体」として分析したのにならい、植民地帝国を、広範な社会的コンセンサスによって支えられた「想像の帝国」であったと考えている。その「想像」の具体的内容は、①日本を欧米帝国主義の「被害者」だと考える意識、②被支配民族であるアジアを日本と「同じ共同体の構成員」と考える意識、③帝国主義を人類の進歩の道具とみなす傾向、の三点だとされる。

このような虚像としての社会的コンセンサスを、草の根から形成していったのが、植民地都市に住んでいた多数の日本人移住者たちであった。彼らの行動様式や考え方について、近年の研究でようやく具体的な姿が明らかにされるようになったし（たとえば高崎宗司『植民地朝鮮の日本人』岩波新書、二〇〇二年）、その一端を伝える植民地文学の研究も盛んになってきた。

本章で紹介してきた植民地都市のさまざまな姿も、そのような研究と並んで、日本の植民地支配の特徴を物語る事例を示している。

皇民化政策と文化

このような本国と植民地の「同質性」は、もちろん植民地支配を正当化するものではないし、宥和《ゆうわ》的な植民地政策がとられてきたことを意味しているのでもない。

そもそも、植民地支配の形態には、同化主義と自治主義があった。同化主義は植民地を本国と同様の法体系や政治制度のもとに置き、被支配民族の独自性を否定しながら、実際には差別的な政策を遂行していく。一方、自治主義は、植民地に一定の権限を委譲して被支配民族の政治参加をある程度認める。

日本の支配政策は、基本的に同化主義で進められた。その理由は、すでに述べたように、日本の植民地が本国と同じ東アジア世界にあり、文化や経済構造などが日本と同質であったことが一因である。とくに、一九三〇年代の「皇民化政策」では、徹底した同化政策を意識的・積極的に推進していった。

皇民化政策とは、「創氏改名《そうしかいめい》」「改姓名」によって日本式の家族制度や名前の使用を実質的に強制したり、「私共は心を合せて天皇陛下に忠義を尽します」（皇国臣民の誓詞《せいし》）といった言葉を唱えさせながら「臣民」としての精神を植え付けようとした政策である。こうした政策がとくに戦時下で強められたのは、植民地でも徴兵制《ちょうへいせい》などの動員体制を施行する必要に迫られたためだった。

このように、民族固有の文化を無視して日本文化を押し付けたために、たとえば韓国では最近まで日本の映画や歌謡曲の上演が禁止されていたほどの反発を残してしまった。そして、日本文化との「同質性」によって、欧米植民地のような宗主国《そうしゅこく》の文化に対する歪んだ憧れも生まれず、今日の旧植民地のなかには、かつての日本文化の痕跡はほとんどみられない。

その一方で、植民地都市の日本人のなかには異民族を支配しているという実感よりも、ドウスのいう「同じ共同体の構成員」としての意識が生まれ、しかも、そこには本当の連帯ではなく依然として差別が残された。そのうえ、敗戦による引揚げという事態によって、独立戦争に直面することなく植民地支配が終わったため、このような矛盾に気づくことなく戦後の日本人のアジア観が形成されていった。

このような歴史に阻まれて、あれだけ多数の日本人が植民地で生活していたにもかかわらず、日本とアジアの相互理解は十分に進んでいるとは言い難い。植民地支配が文化面で残した深い痕跡、つまりポスト＝コロニアリズムの問題は、最近欧米でも注目されているが、日本に関してもこの点の解明が切実な課題となっている。

東南アジア占領地の植民地都市

最後に、このような日本本国と植民地との同質性を別な角度から確認するために、アジア太平洋戦争中に日本が占領した東南アジアの都市にまつわるエピソードを紹介しておこう。つまり、日本との同質性のない社会を支配しようとしたときに、どういう状況に直面したかという事例である。

一九四一年一二月の開戦と同時に、日本軍はマレー半島に上陸し、翌年二月には英領シンガポールを占領した。そして、南方占領地軍政の中核都市として、ここを昭南《しょうなん》特別市と改称し、元内務次官の大達茂雄《おおだちしげお》市長のもとで市制をしいた。しかし、要員の不足からイギリス時代の現地職員の多くをそのまま採用し、とくに技術部門ではイギリス人の協力まで必要とするありさまだった。

その直後から、日本軍は市内の南幸女学校や南洋女学校を接収し、日本から呼び寄せた業者にそこで軍用の料亭を開業させた。女学校を料亭に転用したことはニュー＝デリーからの放送でも非難され、さすがに取りやめになったが、そのほかにも各所に料亭や遊廓が林立していった。これをみたシンガポール人は、「英国人は植民地を手に入れると、まず道路を整備した。フランス人は教会を建てた。スペイン人は、教会を持ち込んで金銀を持ち出して行った。そして日本人は料亭と女を持ち込んだ」と皮肉ったという（篠崎護『シンガポール占領秘録』原書房、一九七六年）。

さらに同じ一九四二年に、日本軍は米領フィリピンを占領した。その拠点都市マニラで、日本軍政への反発をこめて演じられたコメディで、日本人を演じるフィリピンの役者は腕に時計を三つも巻き付けていたという。根強い舶来信仰をもつ日本人が、アメリカ製の腕時計を買いあさり、略奪している様子を風刺したものだった。このエピソードに象徴されるように、「マニラにのりこんだ日本人は、そこで予期せぬ西洋にぶつかって狼狽せざるをえなかった」（津野海太郎『物語・日本人の占領』朝日新聞社、一九八五年）。

さらに複雑なことに、日本を批判した東南アジアの人々の視点は、必ずしもアジアから出発したものではなかった。たとえばフィリピンの歴史家コンスタンティーノは、アメリカナイズされたフィリピン人の視点を自省しながら、日本軍政下のフィリピン人の心情を次のように述べている。「多くのフィリピン人が出会った日本人は、笑みも浮べず、謎のようで不吉な『東洋人』であった。それはアメリカ文化で大衆化していた日本人のステレオタイプとそっくりであって、フィリピン人にとっては、とても一体感を感じられる相手ではなかった。西洋化したフィリピン人には、西洋の影響を追放せよという日本人の訴えは馬鹿げたことに聞えた。フィリピン人は、日本人抑圧者にふみつけられながらも、なおひそかにこの『東洋人』を見下していたのである。なぜならフィリピン人にとって進歩は、西洋化を意味したのだから」（レナト゠コンスタンティーノ『フィリピン・ナショナリズム論』勁草書房、一九七七年）。

もともと、東南アジアは東アジアに比べて日本との関係が薄かったうえに、長年の欧米人による支配を受けて東南アジアの人々自身も「半欧米化」してしまっていた。ここを支配するということは、それまでの日本人の植民地体験にない異質な要素を含んでいた。「大東亜共栄圏」というスローガンを掲げながら、そう簡単には共存共栄できないという壁が立ちはだかっていたのである。

こうして、東アジアでは同質性があるがゆえの無理解と反発が生まれ、東南アジアでは同質性が薄いがゆえの無理解と反発が生まれた。その結果、植民地帝国日本は崩壊し、アジアの人々との相互理解は、今日にいたるまで未完の課題となって残されている。

植民地都市と「近代」

植民地都市の建築

都市を構成する建築も、植民地支配と無縁ではなかった。とくに官庁などの公共建築は、支配者の優位性を際立《きわだ》たせ、被支配者を威圧することを意識して建てられた。たとえば台湾総督府《そうとくふ》庁舎は、一九〇七年に日本初の本格的コンペで設計されたが、その入選作品を総督府技師が改作する際、塔はいっそう高く装飾は過剰になり、全体として威圧感のある造形が取り入れられた。

植民地建築の象徴するもの

これに対して、朝鮮総督府庁舎はドイツ人G・デ＝ラランテが西洋建築の様式で設計し、大連民政署庁舎は前田松韻がヨーロッパの市庁舎のイメージをもとに設計した。そして、

図25　台湾総督府

図26　朝鮮総督府

図27　大連民政署（現状）

いずれも塔屋のそびえるスタイルが台湾総督府と共通している。

ヨーロッパで、塔はあるときは天に向かう宗教的象徴であり、あるときは市民自治の象徴であった。しかし同時に、それは権力や富のシンボルとなることもあった。設計者の意図はどうであれ、植民地統治機関にそびえる塔は、まわりの東洋的建築との対比で日本の国力を誇示する象徴となったのである。

また立地をみても、朝鮮総督府庁舎は朝鮮王朝の王宮（景福宮）の正門にあたる光化門を移転させた跡にそびえたち、玉座のあった勤政殿と市街地の間を遮っ

図28　香港総督官邸（改造前）

図29　香港総督官邸（改造後，現状）

て亡国の姿を目《ま》のあたりにさせた。

このような手法は欧米の植民地都市でもとられたが、日本の場合、その様式が西洋近代建築の模倣にとどまらなかった点に特徴がある。たとえば「満州国」の「首都」新京《しんきょう》で官庁や銀行に多用されたのは、鉄筋コンクリートの本体に東洋式の屋根を載せた、日本の「帝冠《ていかん》様式」と同じような、「興亜様式」ともよばれる特異な外観の建物だった。

このようなアジア的な様式へのこだわりは、一九四二年に日本が占領した香港《ホンコン》でもみられた。日本軍は接収したイギリスの総督官邸を改装することを計画したが、設計を担当した満鉄技師の藤村正一が近代的スタイルを意図したのに対し、香港占領地総督磯谷廉介《いそがいれんすけ》らは日本の伝統的な様式を使うよう命じた（K. Mattock & J. Cheshire, *The Story of Government House*, Studio Publications, Hong Kong, 1994）。

その結果誕生したのは、旧総督官邸の二つの建物をつなげて改装し、植民地官庁の定《じょう》石《せき》通り塔をそびえ立たせながら、瓦屋根を載せた独特の外観だった。そして二階は床を上げて畳を敷き、台湾松の天井を張って障子《しょうじ》で仕切り、茶の湯を趣味とした磯谷のために茶室までしつらえられた。庭園も、京都の庭師によって作り替えられた。

図30　満州国司法部（現状）

欧亜折衷様式の意味

満州国の建築にも数多くみられた、このような和洋折衷《せっちゅう》あるいは欧亜折衷の様式を、「興亜式」とよび、そこに中国の「民族形式」と共通するようなアジア主義の反映をみる見解もある（越沢明「台湾・満州・中国の都市計画」、前掲『近代日本と植民地』三）。

たしかに日本の植民地建築のなかには、近代初期にタイのラーマ五世がイタリア人建築家に設計させた王宮や、戦後の社会主義中国で盛んに建てられた民族主義的な建築と共通する折衷様式のものがみられた。しかし、同じ欧亜折衷であっても、植民地の建築に込められた意味は、アジア諸国の建築家が自国に建てた作品と同じではなかった。

一つの相違は、日本のアジア主義の持つ二面性、つまり表面的にはアジアとの連帯を掲げながら、実は侵略を志向するという二面性を免れていないという点である。たしかに東洋風の瓦屋根は、日本にも中国にも共通する様式かもしれない。しかし、それは必ずしもアジアの伝統文化への共感をあらわしたものではなかった。たとえば、満州国の新京《しんきょう》に建てられた関東軍司令部の屋根は、中国の宮殿というよりも日本の城郭をほうふつとさせる。そこに、アジアの伝統がどれほど意識されていたかは、疑問である。

たまたま日本もアジアの一員であったために、日本ナショナリズムを反映したにすぎない和洋折衷洋式が、中国では違和感なく溶け込める面もあった。しかし、民族主義のあらわれとして伝統様式をとり入れることと、侵略主義を糊塗《こと》するために伝統様式をとり入れることとの間には、大きな溝が存在するのではないだろうか。

もっと極端な例は、第二次大戦中にタイで日泰《にったい》文化会館を建設する計画が持ち上がったときのコンペである。そこで入賞したのは、タイの伝統とは無関係な、日本の寝殿造《しんでんづくり》をとり入れた案だった（村松伸「南洋は招く」『月刊百科』三三四、一九九〇年）。計画は未完に終わったものの、タイの風土の中に、このような日本的建築が違和感なく定着したとは考えられない。

結局のところ、日本の意図した「大東亜建築」は、建築界の大御所藤島亥治郎《ふじしまがいじろう》のいうように、「大東亜の盟主たるべき日本が、原住民は勿論、全世界から、流石《さすが》新指導者日本だと心服せらるゝために、大東亜各地に施すべき各種の施設工作のやうな、誰の目にも触れ易いものに、其の最高の形式を発揮せねばならない」という使命感を帯びたものだったのである（「大東亜建築の構想」『建築雑誌』五七―七〇一、一九四三年）。

日本的な生活様式の導入

そしてもう一つ、自生的に生まれたアジアの民族主義的建築との相違は、他民族の暮らす場所に、異質な日本の生活様式を持ち込んだという点である。先ほどの藤島亥治郎でさえ、「日本と比較すれば気候風土的にどうしても劣り、習慣や人情を異にする外地外国にまで、この（注―日本の）優れた風土をできるだけ作り上げて、松や桜を植えたがり生活様式を其のまゝ移植して畳や障子を持ち廻つたりしたがる」という行動様式を批判的にみている。「気候風土が劣る」といった偏見を別にすれば、的を射た見解である。

たしかに日本人は、異なった風土の中で「日本的」なものにこだわり続けた。先ほどの香港の総督官邸の改装も、少なくとも内装については統治のためというより居住のための和風の導入であった。もちろん欧米人の支配者も、自分たちの生活様式を植民地に持ち込んだ。しかし、アジアでは良くも悪くも「近代化」が「西洋化」を意味していたために、移植された西洋の文化は、同時にアジア人が自ら導入しようとしていた文化でもあった。したがって、西洋文化は日本文化ほどアジアとの軋轢《あつれき》をもたらさなかった。

さらに問題が複雑なのは、日本的な建築様式が軋轢を生み出しただけではない、ということである。たとえば、植民地に移住した多数の日本人は、畳を敷いた日本式の住宅に住んだ。そして解放後、その住宅に今度は被支配民族が入居することになった。そのとき、一面では彼らの生活様式に合わせて住宅を改造しながら、もう一面では間取《まど》りなど基本的な部分で日本式を継承せざるを得なかった。そのため、もともとオモテの空間（男の空間）とウラの空間（女の空間）が明確に分かれていた韓国の住宅で、台所（ダイニングキッチン）がオモテの空間に進出したり、一ヵ所に集中していた家族生活の場が機能別に分離されるなど、生活様式の変化がもたらされた（都市住居研究会『異文化の葛藤と同化』建築資料研究社、一九九六年）。

台湾でも、日本式の住宅の床をはずして中国式の土間《どま》に改造するような変化があらわれる一方で、現在でも鉄筋の高級マンションの一部に畳を敷くというような継承性もみられる。アジアとの文化の「同質性」の持つ複雑な結果が、こうした住宅の様式にも反映されているのである。

東南アジアのイスラム風植民地建築

ここで目を転じて、欧米植民地における洋式建築や欧亜折衷建築と比較しながら、アジアの文化と西洋文化の関係、とくにアジアの「近代」の持つ葛藤について考えてみたい。

まず、東南アジアにおけるイギリスの植民地建築を眺めてみよう。一二二ページの写真の建物は、マレーシアのクアラルンプール中央駅である。一見してわかるようにイスラム風の雰囲気を持った建物で、最高裁判所庁舎（Sultan Abdul Samad Building）とともにマレーシアのシンボルとして観光写真にもしばしば登場する。実際、以前にあるテレビの東南アジア史を扱った教養番組で、この中央駅を映しながら、「イスラム化した東南アジア

図31　クアラルンプール中央駅

の一つの姿を、ここにみることができます」というナレーションが流れたのをみたことがある。

しかし、事実はそれほど単純ではない。実は、この建物はマレーシアのイスラム文化とはまったく別の出自《しゅつじ》を持っているのである。

クアラルンプール中央駅は、イギリス人の建築家ハボック（A. B. Habbock）が一九〇〇年に設計し、一一年に完成した。ハボックは植民地時代にマラヤ連合州公共事業局（Public Works Department）の二代目局長として、マラヤ鉄道本社なども設計している。そして、彼はインドの公共事業局に

図32　ジャミ＝モスク

勤務した経歴を持ち、この中央駅もドームやアーチに北インドのムガール＝イスラム系の建築様式が色濃く影を落としている。一方、当初作られたホームの屋根には、当時ヨーロッパで流行していたガラスと鉄骨を組み合わせた構造がとり入れられた。つまり、この建物の様式自体には、マレー文化の伝統はまったく反映されていないのである。

このような特徴は、イスラム信仰のシンボルとしてのモスクでも同様である。たとえば、クアラルンプールのランドマークとなっているジャミ＝モスク（Musjid Jami）について、あるガイドブックは次のように記していた。「椰子《やし》の木立に囲まれたかわいらしいこのモスクは、〝純アラビア風〟の建物で、その優美さはマレーシアのモスクでも一、二といわれるもの。(中略)やはり大きくて新しい国立回教寺院とは全く違った味わいがあるなぁ……と、しみじみ感じ入ってしまうのである」(『地球の歩き方　マレーシア』ただし現行版にはこの記述はない)。

しかし、この玉ネギ型のドームを持つモスクは、〝純アラビア風〟の建物ではない。もちろん、東南アジア固有の様式でもない。一四―一五世紀にマレー半島にイスラムが伝えられたとき、そこに築かれたモスクはジャワ島などと同様に草葺《くさぶき》の重層的な屋根を持つ木造の建物だった。その後イギリスの支配が始まり、インド人ムスリムが移住して、はじめて玉ネギ型のドームが作られるようになったのである。このジャミ＝モスクもマレー人スルタンが発注したとはいえ、先ほどのハボックが北インドの様式をとり入れて設計した建物にほかならない。

このように、クアラルンプールのイスラム風の公共建築は、すべてハボックと彼の前任者ノーマン(A. C. Norman)が北インドのムガール＝イスラム様式をとり入れながら設計した植民地建築なのである（*Guide to Kuala Lumpur Notable Buildings*, Pertubhan Akitek Malaysia, Kuala Lumpur, 1976；Ken Yeang, *The Architecture of Malaysia*, The Pepin Press, Kuala Lumpur, 1992）。

にもかかわらず、これらの建物は現在のマレーシアの町並みと、表面的には調和を保って共存している。それどころか、政府によって観光資源として積極的に活用されているほどである。それは、マレーシアがイスラム教徒の多いムスリム国家であるという事実と、外来の様式とはいえイスラム風の建築の雰囲気が、結果的に見事に融和しているためであろう。

あるいは植民地支配の問題として考えれば、被支配民族の文化的伝統を巧みにとり入れたイギリス人建築家の狡猾さを物語っているかもしれない。そして、日本が中国に建てた欧亜折衷様式との決定的な違いは、イギリス人は自分の様式にアジア的要素をとり入れたのに対して、日本人は西洋の様式に日本的要素をとり入れたという点にあり、それが結果的にともにアジアに溶け込んだ、という点である。

図33 シンガポール最高裁判所

イギリスの建てた西洋風の植民地建築

一方、同じイギリスの建てたシンガポールの最高裁判所は、クアラルンプール中央駅と打って変わって古典様式の洋式建築である（Jane Beamish & Jane Ferguson, *A History of Singapore Architecture*, Graham Brash, Singapore, 1985 ; Norman Edwards & Peter Keys, "Singapore—A guide to Buildings, Streets, Places", *Times*, Singapore, 1988）。

この建物はシンガポール公共事業局（Public Works Department）の主任技師ワード（F. D. Ward）が設計し、一九三九年に竣工した。列柱《れっちゅう》の並んだ四階建の古典様式の本体の上に、やや重苦しいドームが乗っており、シンガポールで最後の古典様式建築といわれている。周辺には公共事業局の建てたビクトリア＝メモリアル＝ホールや議会などが並び、エンプレス＝プレイスにも近く、植民地シンガポールの中枢部《ちゅうすう》に位置していた。

この生粋《きっすい》の洋式建築も、先ほどのクアラルンプール中央駅とは違った意味で、現代のシンガポールと表面上の調和をみせている。つまり、ここはマレー半島の先端に位置しながら、マレー的伝統が希薄なために、外来文化と伝統文化との対立が起きなかったからである。

もともとシンガポールには小さな集落があっただけで、都市建設はラッフルズ以来イギリス人の手で行われた。さらに、独立後も多民族国家となったため、単一の伝統文化が現れにくかった。また多数派の華人《かじん》の文化自体が外来のもので、この土地に根付いた伝統を持っていなかった。そのうえ、リー＝クアンユー政権は最近まで中国色を払拭《ふっしょく》しようと躍起《やっき》になっていた。このような状況のなかで、イギリス文化との葛藤《かっとう》を生み出す対抗的な文化が現れにくかったのである。

こうして、クアラルンプールの中央駅は〝ムスリム国家〟のシンボルとして（ただし様式は北インドだが）、そしてシンガポールの最高裁判所は〝国際都市〟のシンボルとして、どちらも現在の都市景観と表面的には調和しながらそびえ立っている。

撤去された日本の植民地建築

一方、これらの建築とまったく異なった運命をたどったのが、日本の朝鮮総督府庁舎である。この建物は、一九九三年から撤去が始まり、現在は跡地に王宮（景福宮）の建物が復元されている。

このような結末を迎えたのは、もともとこの建物が朝鮮的伝統と真正面から対立する形で建設されたためである。よく知られているように、この庁舎の敷地は、朝鮮王朝の王宮の一つ景福宮の、正門にあたる光化門と勤政門の中間に位置していた。光化門は一八六四年に竣工し、伝統的な城門様式によって建設された景福宮のシンボルともいうべき建物だった。朝鮮総督府は、この門を撤去し、玉座《ぎょくざ》のある勤政殿と市街地の間を遮《さえぎ》る形で庁舎の建設計画をたてたのである。

もちろん、この計画は朝鮮人の反発を生んだだけでなく、一部の日本人からも批判を受けた。たとえば民芸運動家の柳宗悦《やなぎむねよし》は、「失はれゆく一朝鮮建築のために」という文章を発表し、伝統的建築が総督府庁舎建設のために撤去されることを惜しんだ。また、建築家の今和次郎《こんわじろう》は、「総督府は露骨すぎる」という文章で、この政策を批判した。

このため、さすがの総督府も光化門を破壊することができず、王宮の東側に移転保存せざるをえなかった。しかし、その跡地には、予定通り総督府庁舎が建てられたのである。

庁舎の新築計画は一九一二年にたてられ、総督府土木局はその準備のため技師を欧米に派遣して官庁建築を研究させた。基本設計はドイツ人建築家G・デ＝ラランテ（George de Lalande）に委嘱《いしょく》したが、彼が一九一四年に横浜で客死したため、野村一郎らに引き継がれた。野村は前台湾総督府技師として、台湾総督府庁舎の設計に携わった経験があった。しかし、すでにデ＝ラランテが基本設計を引き受けてから三年が経過しており、この庁舎には彼の構想が強く反映されたと考えられている。

このように、朝鮮総督府庁舎がはじめから欧米建築の様式をとり入れて計画されたことは、先ほどのイギリス植民地との比較で重要なポイントである。

一九一六年に着工された総督府庁舎は、八年の歳月をかけて二六年に竣工した。できあがった建物は、鉄筋コンクリート四階建で五〇メートルほどの高さの塔屋《とうや》を持ち、二つの中庭を持っていた。外壁に貼られた花崗岩《かこうがん》や内装の大理石《だいりせき》は、すべて朝鮮産であった。

　今まで目にしていた王宮の前面に両手を広げるような格好でこの庁舎が出現したとき、朝鮮の人々の胸には、あらためて亡国の思いが湧き上ったことであろう。庁舎三階裏側の大会議室はシャンデリアの下がる高い天井を持つ部屋だったが、その窓からは遠く北岳山を望みながら、旧王宮の勤政殿の屋根を見下ろすことができた。そして、この大会議室には天皇の訪問に備えて、玉座が置かれていたのである。

　しかし、庁舎が竣工してから二〇年もたたないうちに、日本の植民地支配は終焉《しゅうえん》を迎えた。そして大韓民国の独立宣言がこの庁舎で読み上げられ、初期の国会は中央のホールで開かれていた。さらに、一九五〇年の朝鮮戦争で内部が火災にあったものの、爆撃でも壊れないといわれた外壁は残り、改装されて韓国政府中央庁舎や国立中央博物館として使用された。

　この間、旧総督府庁舎撤去の議論が何回か出たが、頑丈な構造のため莫大な費用がかかることもあって、なかなか実現に至らなかった。しかし、一九九三年に金泳三《キムヨンサム》政権が発足すると、解放前の独立運動と解放後の民主化運動の延長上に自らの政権の正統性を求めた金大統領は、植民地支配のシンボルの撤去を決定した。

クアラルンプールやシンガポールの植民地建築は観光資源として活用されているのに、同じ植民地建築であるこの総督府庁舎は、なぜ取り壊されなければならなかったのか。

朝鮮総督府庁舎はなぜ撤去されたか

総督府庁舎が、朝鮮文化にルーツを持たなかったことは明らかである。したがって、これを植民地支配の象徴と考え、いち早く取り壊すのは当然かもしれない。しかし一方で、この建物は日本的特徴を何一つ備えていない。純粋の日本建築だったソウル南山の朝鮮神宮は、解放後ただちに破壊された。これに比べると、総督府庁舎はドイツ人の設計した洋式建築で、そのまま建っていても様式面での違和感は少ない。

実際、同じ植民地時代に日本人が建てた朝鮮銀行本店は、韓国銀行本店として使われた後、復元されて文化財として保存されている。また京城府庁舎はソウル市庁として、京城駅舎はソウル駅としてそれぞれ現役であり、三越《みつこし》京城支店は新世界百貨店に看板を替えてにぎわっている。こう考えると、取り壊されることになった総督府庁舎だけが、ほかの植民地建築と異なる運命をたどったのである。

実は、旧総督府庁舎の撤去には、韓国でも賛否両論があった（『建築はない？（韓国語）』間郷メディア〔ソウル〕、一九九五年）。それを抑えて撤去を決定した直接の契機は、歴史の再評価を政権発足の目玉にした金泳三大統領の決断だったが、より大きな理由としては、建設当初から批判されていた立地条件が考えられるだろう。それに加えて、植民地支配の総本山としての象徴性も無視できない。

しかし、総督府庁舎が象徴していたのは日本による植民地支配の歴史であり、日本の文化ではなかった。いいかえれば、ドイツ人の設計した総督府庁舎には、日本的な様式があらわれていたわけではなかった。したがって、前述の京城府庁舎や京城駅や三越のように、植民地支配の歴史と切り離されて、単なる洋式建築として現在も残されている方が、むしろ自然な結果だったのかもしれない。

同じように残されている洋式の植民地建築は、他の旧植民地でも数多くみられる。たとえば大連の大広場（現、中山広場）の周りにあった大連民政署や横浜正金銀行、東洋拓殖会社などの洋式建築は、今でもほとんど植民地時代の町並みのまま、ライトアップされて市民の目を楽しませている。台北でも、日本で流行したような建築ウォッチングのガイドブックに、旧台湾総督府庁舎をはじめとする植民地建築が詳細に紹介されている（たとえば趙莒玲『台北市古街之旅』台北市政府新聞処、一九九二年）。

しかし、それら洋式の植民地建築の残存を、先ほど述べたシンガポールの最高裁判所と同列に論じることはできない。なぜなら、イギリス植民地では、イギリス人が自分の文化の生んだ建築様式を使ったのに対し、同じ様式でも、日本の場合はそれが外来のものだったからである。

西洋—日本—アジア

繰り返しになるが、クアラルンプール中央駅は純粋ではないにせよマレー的イスラム文化の伝統につながり、シンガポール最高裁は設計者自身の文化に属する純粋な洋式建築だった。つまり、支配者の外来文化か、被支配者の伝統文化が反映されたものだった。

しかしソウルの総督府庁舎をはじめとする洋式建築は、朝鮮の伝統文化と対立しただけでなく、支配者日本にとっても外来の文化であった。この点に、日本の植民地支配、ひいてはアジア的近代の特徴を解く鍵が潜んでいる。これを図示すれば、次ページのようになる。

西洋 →植民地インド→中央駅＝（表面的調和）←イスラム文化の伝統
西洋 →古典様式→最高裁＝（表面的調和）←伝統の欠如
西洋 →日本→総督府＝（文化的対立）←朝鮮文化の伝統

韓国で多くの植民地建築が現在も使われているのは、その建築様式からいえば不思議なことではない。植民地期の日本人の建築ばかりでなく、同じ時期に朝鮮人建築家が作った近代建築も、そして解放後の韓国の建築も、基本的には洋式建築であった。その意味では、建物に内在する歴史に目をつむってしまえば、解放後のソウルの景観とこれらの建物の外観が共存できるのは当然ともいえる。

つまり日本の植民地では、満州国の「興亜様式」や「帝冠様式」の建物を除いて、日本文化あるいはアジア文化に根ざした近代建築はほとんど作られなかった。そこで建てられた洋式建築は、支配者（日本）の様式ではなく、被支配者（朝鮮や中国）の様式でもなかった。これに対してイギリスの植民地建築は、ベランダなどの植民地様式が加わったとしても、基本的には支配者の自国文化にルーツを持つものだった。さらにいえば、自国文化＝西洋文化に基盤を置いているからこそ、ある種のオリエンタリズムを投影させ、アジアの様式をとり入れる余裕さえ備えて

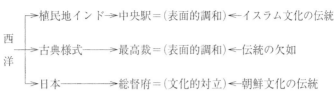

いた。

さらに日本でもアジアでも、「近代化」が「西洋化」を意味していたために、建築様式をめぐって錯綜《さくそう》した関係が生まれた。京城では三越百貨店・朝鮮銀行・京城駅などが朝鮮人街と別世界の都市空間を出現させたが、要するにそれは高層の西洋建築であり、けっして日本固有の様式ではなかった。アジアの被支配民族にとって日本的にみえる都市空間が、実は西洋的空間であり、それを日本化すればアジアの民族建築と共通の様式になってしまうという堂々巡りのなかに、植民地支配の問題にとどまらず、広く日本の近代文化全体にわたる二面性が潜んでいたのである。

そして日本の植民地支配から解放されたとき、その都市景観に日本の痕跡《こんせき》はほとんど残らなかった。建築が消えたわけではない。残された日本の洋風建築は、普遍的な「近代」の産物であったために、看板さえ変えれば新たな近代的景観の中に埋没することになった。一方、「興亜様式」は、そのままアジアの現地の風土に溶け込んでいった。そして日本人が固執した畳や障子の建築は、都合よく改築されるか、あるいは朽ち果てるかしてしまったのである。

一方、支配されたアジアの植民地の人々も、近代建築を西洋文化からとり入れるほかなかった。しかも、それは日本を経由して流入してきた。この点に限れば、支配者と被支配者のめざすゴールは、近代化＝西洋化という意味で重なり合っていたのである。ここに、アジアの近代の抱える難題が隠されている。その一例として、植民地期の朝鮮人建築家の苦闘の跡をたどってみよう。

植民地支配下の朝鮮人建築家

近代の朝鮮人建築家の第一世代として、植民地下で活躍した代表的人物が、朴吉龍《パクギリョン》と朴東鎮《パクドンジン》である。二人の建築家の登場した時代背景や経歴には、共通するものがある。

彼らは、同じ一八九九年に生まれた。そして朴吉龍は京城工業専門学校の第二期生として、朴東鎮は一年後輩の第三期生として入学している。彼らが建築学を学んだ一九一〇年代の後半は、併合直後のいわゆる「武断政治」の時代で、軍隊が警察業務まで担当しながら反日運動を取り締まるという、憲兵警察制度をしいていた。その一方、総督府の手で土地調査事業が進められ、地主の土地所有権が公認され、小作農の権利は弱められた。なかには旧王室の所有地を移管するという名目で、日本に土地を収奪された農民も少なくなかった。そして急速に拡がる商品経済の波は、これに対応できない朝鮮農民の窮乏化をもたらした。

こうした政治的・経済的抑圧への不満が一気に噴き出したのが、一九一九年の三・一独立運動だった。運動は二月に日本留学生の発した二・八独立宣言に始まり、三月一日にはソウルのパゴダ公園に集まった民衆が「独立万歳」を叫んで街頭に繰り出した。そして、デモや商店のストライキは朝鮮全土に拡がり、これに驚いた総督府は軍隊や警察を出動させて非武装の民衆を弾圧し、多くの犠牲者を出した。

この三・一独立運動を契機として、二人の建築家はいったん別の道を歩むことになる。朴吉龍の方は、一九一九年に京城工専を卒業すると同時に、朝鮮総督府土木部建築課技手となった。一方、朴東鎮は三・一独立運動に参加して検挙され、執行猶予となったものの、工専を中退して中国東北などを放浪する羽目《はめ》に陥った。

しかし結局、朴東鎮も工専の後身の高等工業学校に再入学し、一九二六年にそこを卒業して総督府建築課技手となった。こうして、二人の進路は再び重なり合ったのである。

このような彼らの経歴には、当時の朝鮮の社会状況が典型的に現れている。韓国併合のあと一九一一年に朝鮮教育令が公布されたが、寺内正毅《てらうちまさたけ》総督の言葉にあるように「帝国臣民たるの資格と品性を具へしむること」が目標になると同時に、「空理を尚《たっと》び実学を卑《いやし》むの弊《へい》」を打破する方針が示された。つまり、民族主義を鼓舞する朝鮮語や漢文の授業が制限される反面、建築学のような実学を学ぶ道は、狭いながら朝鮮人にも開かれることになったのである。

朝鮮人建築家と植民地政策

そして、彼らが総督府技師となって活躍した一九二〇年代は、斎藤実《まこと》総督の「文化政治」の下で、さまざまな分野に朝鮮人の進出が始まった時代だった。「文化政治」というのは、三・一独立運動に衝撃を受けた総督府が「武断政治」の方針を転換したもので、憲兵警察を廃止し、朝鮮人の中に親日勢力を作り、朝鮮語の新聞・雑誌の創刊を許すなど一定の懐柔策を進める政策だった。しかし、治安維持のために警察機構はむしろ増強され、〝一視同仁《いっしどうじん》〟のスローガンの下で民族固有の文化を否定する同化政策がいっそう強化された。そして、日本の支配に組み込まれた朝鮮人と、これを徹底的に拒否した朝鮮人の間に亀裂が広がり、民族主義陣営も妥協派と非妥協派に分裂していった。

こうした状況の中で、日本への米の移出を増加させるために産米増殖計画が進められ、朝鮮人の企業活動も許容されたため、朝鮮人地主や資本家が成長してきた。二人の建築家は、総督府の仕事のかたわら朝鮮人資本家の依頼によって多くの建築を設計したが、そのパトロンたちも二〇年代以降の経済政策によって誕生したのだった。

たとえば朴吉龍は一九二九年に金性洙《キムソンス》邸を設計しているが、金は『東亜日報』を創刊し京城紡織を設立した湖南財閥の一族である。また、朴東鎮は三〇年代に普成専門学校の本館や図書館を設計したが、この学校も湖南財閥の経営だった。あるいは、朴吉龍が三五年に設計した和信百貨店は、植民地期の代表的な朝鮮人流通資本だった。このように朝鮮人資本家たちは、新しく生まれた同胞の建築家に設計を依頼し、その活動を支援した。しかし、このような面では民族主義的だった地主や資本家も、反日民族主義一辺倒に向かうことはできず、経済活動のために総督府との接近を図らなければならなかった。そして、こうした行動は、妥協を許さない民族主義者から非難を浴びることになった。

このような反日・親日の二面性は、この時期に生きていた多くの朝鮮人にとって避けることのできない運命だった。朴東鎮は、三・一運動への積極的な参加によってわかるように、ある時期には完全な反日民族主義者であった。しかし、彼も結局は日本の官吏である建築課技手として働くようになった。一方、朴吉龍は卒業と同時に建築課技手となり、その後も日本人の作った朝鮮技師協会理事長を務めるなど、反日的姿勢を表面化させることはなかった。しかし、彼の遺稿を通読した韓国の建築史家尹一柱《ユンイルチュ》氏によれば、彼の文章にはまったく親日的要素はみられず、むしろ朝鮮式住宅の改良や国文建築述語集の編纂など、民族的自負心が強く現れた業績が目立つという（尹一柱『韓国・洋式建築80年史』冶庭文化社、一九六六年。尹一柱教授論文集編纂会編『韓国近代建築史研究』技文堂〔ソウル〕、一九八八年）。

彼らだけでなく、この時期の朝鮮人の思想や行動は、単純に親日・反日という軸だけではとらえられない多面性を持っていた。それをいっそう複雑にしたのが、近代化への対応の姿勢だった。近代という時代の産物として現れた科学技術や政治制度などのなかには、人類にとって普遍的にプラスの価値を持つものが少なくない。したがって、植民地という状況のもとでも、こうした近代化のプラス面への志向を否定することは難しい。彼らが、朝鮮社会に近代建築を導入する道を選んだとき、その技術の習得のために日本の作った工専に入学したのも、このような文脈で理解することができる。

図34　京城帝国大学本部（現状）

しかし同時に、アジア社会にとって、近代化は西洋化を意味していた。その結果、当然ながら伝統文化と近代文化の対立や葛藤が生まれ、それに悩まされることになった。さらに朝鮮の場合、その西洋化＝近代化が、侵略者日本を経由して導入されたという、二重の意味で否定的な側面を持っていた。

朴吉龍と朴東鎮の作品

こうした文脈から、彼らの建築家としての姿勢を考えると、どうなるだろうか。つまり彼らの作品の中に、反日本、反西洋という意味での民族主義の反映はみられるだろうか。

結論をいえば、彼らのめざしたものは、純粋な洋式建築であった。たとえば朴吉龍が総督府在職中に設計した三階建ての京城帝国大学本部は、周囲の建物との調和のために独創性が発揮できなかった面が強いが、結果的にはモダニズムへの傾斜をみせる建築様式となった。現在、文化芸術振興院となっているこの建物は、若者の集う芸術の街である大学路に面しているが、そのセピアのタイル張りの外観は、最近建った周囲の現代的な建築に囲まれても違和感を感じさせない。

また、彼は一九三四年に総督府を退職してソウルに建築事務所を開いたが、この時期の代表的な作品である和信百貨店（一九三五～三七年）にみられる特徴は、前出の尹一柱氏によれば「細部の技巧に偏らない堂々たる骨太の重量感である。（中略）国際主義的モダニズムが朝鮮にも現われた時期だが、『機能』を追求するものの、軽薄なモダニズムには染まることのない態度がみられる」と評価されている。彼はフランク＝ロイド＝ライトを好んだというが、いずれにしても、独自の作風を確立しながら正統的な洋式建築の設計者として活躍し、そこには民族的様式の直接の投影はみられなかった。

一方、朴東鎮も、朴吉龍とは異なる作風ながら、純粋な洋式建築の作品を残している。彼は総督府在職中に普成専門学校（現在の高麗《こうらい》大学校）の建物を設計した。この学校は、

図35　普成専門学校図書館（現状）

一九〇五年に大韓帝国内蔵院卿だった李《イ》容翊《ヨンイク》が、国権回復のために設立した普成学校に源流を持つ。その後一九一〇年に、朝鮮独特の宗教である天道教の創始者孫《ソン》秉熙《ビョンヒ》に引き継がれ、二一年に法・商科を置く普成専門学校となった。そして三二年からは、朝鮮人資本家の湖南財閥が、財団法人中央学園を設立して経営にあたった。これに先立つ一九二〇年代には民族主義陣営で民立大学期成運動が展開され、京城帝国大学に対抗して民族教育を行うための高等教育機関の設立が求められていた。この運動は総督府の圧力と資金難のため挫折したが、湖南財閥による普成専門学校経営は、その精神を継承するものだった。

このような歴史をみると、普成専門学校は植民地という制約の中で、可能な限り民族教育を追求した教育機関であったことがわかる。したがって、その建物にも民族色が色濃く反映されたと思うだろう。しかし、朴東鎮が採用したのは、ゴチック風の石造建築だった。

彼が最初に設計したのは、一九三三〜三四年に建てられた本館だった。彼は、以前から研究していた石造建築の技法をこの建物に応用したが、同時にオーナーである金性洙の意見もとり入れたため、窓の配列などに納得できない点も残ったらしい。しかし、この建物に次いで三五〜三七年に建てられた図書館をはじめとする他の校舎群は、全面的に朴東鎮自身の設計によるものだった。この石造三階建ての図書館は、中世ヨーロッパの城郭と見まがうような特徴的なスタイルを持っている。

このような朴東鎮のスタイルについて、尹一柱氏は「二〇世紀の三〇年代に中世スタイルが建ったことに対し、異なる意見を提起する人がいるかもしれない。しかし、朴吉龍の近代主義と共に、朴東鎮の業績は意義が大きいと思われる。歴史の浅いこの地の建築において、短時日にすべての可能な手法を渉猟《しょうりょう》できるようになっていたのである」と述べている。

近代建築学の導入という観点からいえば、正当な評価であろう。ところが同じ一九三〇年代に、日本では帝冠様式、中国では民族様式という独特の建築様式が生まれていた。これらの様式は、西洋風のビルディングの上に、東洋風の瓦屋根を載せたようなスタイルを持ち、それぞれ民族主義の反映されたものだった。

二人の建築家はなぜ民族様式を作らなかったか

これに対し、朝鮮の二人の建築家に様式上の民族主義がみられなかった点は、単なる偶然とは思えない。植民地下の朝鮮では、近代文化の導入者は支配者である日本だった。しかし、その日本にとっても近代文化は西洋文化であるかぎり、外来文化だった。そのなかで二人の建築家は、西洋文化と直接に向かい合うことによって、近代文化の媒介者としての日本を乗り越えようとしたのではないだろうか。彼らの、あまりに「正統的」な作品群を見ていると、そのような考えを打ち消すことができない。この点で、日本の作った学校で学び、総督府の技師となり、洋式建築を設計した彼らの行動を、単純に親日的と考えることはできない。

しかし、アジア社会が西洋文化をとり入れる際には、さまざまな葛藤を経験しなければならなかったはずである。だが、彼らには、そうした葛藤の跡がみられない。これには、二つの背景が考えられる。一つは、朝鮮の近代化を模索した「開化派」とよばれる官僚たち以来の系譜である。これについては次に詳しく述べるが、外圧に対抗して国力の増強を図るために、西洋文化をとり入れて近代化を図るという発想であり、日本の維新政府や中国の洋務派などアジア社会に広く見出すことができる思想である。もう一つは、彼らを支配した当時の日本が、すでに伝統と近代の葛藤を「止揚」してしまっていたことである。日本でも、たとえば明治の知識人はその葛藤に悩んでいた。しかし大正・昭和に入るにつれて、むしろ近代への志向は普遍的な価値観として日本社会に染み込んでしまった。その雰囲気が、植民地にもそのまま持ち込まれたのである。

もちろん、先ほどの帝冠様式のように、日本でもある種の伝統回帰がみられた。そして、植民地にも皇民化教育などの形で復古主義が押しつけられ、それが朝鮮社会に苦痛を与えたことも事実である。そのような日本の伝統文化の押しつけや復古主義は、明らかに朝鮮人に違和感を抱かせ、弾圧を受けながらそれを拒否する事例も多くみられた。

しかし、近代文化として持ち込まれた西洋文化に対しては、そのような拒絶反応が薄かった。そのうえ、日本は学校教育など支配政策を通じて近代文化を肯定し、強制した。このように伝統と近代の葛藤を十分に経験させず、有無をいわさず近代主義を受容させたことが、植民地支配の残した大きな問題点だったのではないだろうか。

次に、植民地化以前にさかのぼって、この問題を考えてみよう。

植民地化以前の朝鮮の近代建築

一八七五年、日本の軍艦雲揚《うんよう》号が朝鮮の江華島《カンファド》《こうかとう》近海に侵入し、これを砲撃した朝鮮側と戦火を交えた。この江華島事件の処理を口実に、翌七六年に日朝修好条規が結ばれ、釜山ほか二港の開港と居留地の設定が取り決められた。そして八〇年までに釜山・元山・仁川の三港が開港され、さらに一九〇〇年にソウル―仁川間に京仁《けいじん》鉄道が開通して、これらの都市に日本人のほか清国人・ロシア人などが住み始めた。

その結果、朝鮮の都市には洋式や日本式の建物が増え、新しい都市景観が形成された。たとえばソウルでは、フランス人宣教師が鍾峴（明洞）聖堂を完成させ、この煉瓦《れんが》造りのゴチック建築の周りにカトリックやメソジストの教会や学校が建てられた。また、貞洞付近には欧米と清国の公使館が異国的な景観をみせ、周辺には中国人街も形成された。一方、日本人は泥峴（チンコゲ）とよばれた場末の南山山麓に集まり、瓦屋根の日本家屋や擬洋《ぎよう》風《ふう》建築が軒を連ねた。

また、釜山では江戸時代に対馬藩の役人を居住させた倭館《わかん》の跡地が、そのまま日本の専管居留地となり、領事館などの主要機関が置かれた。一八七九年に竣工した管理庁舎を嚆《こう》矢《し》とする建築群は、洋風あるいは擬洋風をとり入れて建てられた。一方、仁川では、日本専管居留地は狭く、各国共同租界《そかい》や清国専管租界がその外側を取り巻いていた。そして日・清のほか英・米・露・独・仏の各国人が居住し、多くの洋館が建てられていった。

しかし、このような洋式や擬洋風の建築は朝鮮の在来建築にそれほど大きな影響を与えなかったようである。日本では、開港地の横浜に次々と和洋折衷の擬洋風建築が建てられ、それをまねて各地の大工も競って和洋折衷様式をとり入れた。

これに対して朝鮮では、ソウルの鍾路や南大門路の店舗に韓洋折衷様式がとり入れられたのが目立つくらいで、その流行も長くは続かなかった。むしろ、初期の洋式建築導入の姿勢に関して注目すべきなのは、ソウルの独立門と石造殿である。この二つの建築の一方は民族主義団体、もう一方は親露派政権の手で作られた。その政治的立場は正反対であるにもかかわらず、ともに洋式建築を選んだ点に、当時の文化状況が凝縮されている。

独立門の建立

独立門は、独立協会によって一八九七年にソウルの義州路に建てられた。

独立協会は九六年に創立され、開化派官僚を中心に、独立確保と国政改革を主張した政治結社である。開化派というのは、日本の明治維新や清国の洋務運動の影響を受けながら、朝鮮の近代的改革をめざした官僚のグループである。彼らは一八八四年の甲申《こうしん》政変や九四年の甲午《こうご》改革を通じて、朝鮮における「上からの近代化」を進めようとした。しかし、大衆的基盤を持たなかったため、二度の試みは守旧派の壁を打ち破れず、失敗に終わった。その系譜を継ぐはじめての大衆団体として成立したのが、独立協会だったのである。

開国後の朝鮮では、国王の父の大院君《だいいんくん》《テウォングン》や守旧派と、王妃の閔《びん》《ミン》氏一族、そして開化派官僚が三巴《みつどもえ》の勢力争いを続けていた。一方、外からは日本・清国《しんこく》・ロシアが内政干渉の機会を狙っていた。こうしたなかで、一八九四〜九五年の日清戦争で清国の勢力が退けられ、これに乗じて閔妃《びんひ》《ミンビ》を殺害し親日政権樹立を図った日本に対する反発が強まった。その結果、

図36　独　立　門

九六年に国王がロシア公使館に移り、親露派のクーデタが断行されたのである。

そして国王は一八九七年一〇月に「皇帝」に即位し、国号も「大韓」と改められた。これは中国を中心とする華夷《かい》秩序を否定し、朝鮮が清国と並んで「帝国」となる宣言だった。しかし、これ以後ロシアの内政干渉がいっそう目に付くようになった。同時に内政面では宮内府の機能が強化され、国王親政が復活した。

これに対して独立協会は、ロシアの内政干渉に反対し、ソウル市民を動員して万民共同会を組織するとともに、前近代的国際秩序を否定する意味で華夷秩序を批判した。

そのシンボルが独立門だった。この門の建つ義州路は、その名のとおり中国国境の義州に通じる街道の起点であり、この道を通って朝中両国の使節が往来していた。そのため、ここには中国の使節を迎える迎恩門が建ち、慕華館という接待所も設置されていた。

この「迎恩」「慕華」という事大《じだい》主義思想を象徴する建物を撤去し、その跡に作られたのが独立門と独立館だった。その意味で、独立門は近代朝鮮ナショナリズムのシンボルともいえる。

ところが、独立門には軒下《のきした》に太極旗《たいきょくき》が付けられている以外、朝鮮的な要素はまったくみられない。それもそのはずで、この門は独立協会の中心人物の一人徐載弼《ソジェピル》《じょさいひつ》が、旅行中にパリで見かけた凱旋門《がいせんもん》をモデルにしたものである。そして、設計にあたったのはロシア人技師サバティン（Sabatine）であった。ただし、施工は朝鮮人の石工《いしく》が担当したため、石材の積み方には在来の城壁の技法が応用されたといわれる。

徳寿宮の石造殿

一方、独立門が建立された前年の一八九六年に、慶運宮の修復が始まった。ここは一五世紀後半に月山大君《ウォルサンデグン》（王子）の私邸が置かれ、秀吉の朝鮮出兵（壬辰倭乱《じんしんわらん》）後の一六一一年には王宮が置かれて慶運宮となり、さらに四年後

図37　徳寿宮石造殿（現状）

に国王が昌徳宮に移った後は荒廃していた。しかし、先ほど述べたように親露派の手で国王がロシア公使館に移されると、ただちにこの慶運宮の修復が決定された。

　のちに徳寿宮と改称されたこの王宮には、中和殿をはじめとする木造の伝統建築のほかに、六棟の洋式建築が建てられていた。その中で最も目立つ石造殿は、現在も残されて宮中遺物博物館として使われている。その名のとおり石造三階建てのこの建物は、一階が侍従の居室、二階が各国外交団の接見室とホール、三階が皇帝・皇后の居間や寝室として計画された。しかし、皮肉なことにこれが竣工した一九一〇年には、朝鮮皇室が滅亡する運命が待っていた。

もともとこの石造殿は、総税務司だったイギリス人ブラウン（J. M. Brown）が、税関収入をあてて国王に建設を勧めたものである。欧米との国交が開かれ、中国からの自立を図っていた時期に、国王もこの提案を受け入れ、上海在住のイギリス人建築家ハーディング（G. R. Harding）に設計が依頼された。その結果、古典様式の堂々たる石造建築が誕生したわけである。とくに、国王（皇帝）の居室が洋室だったことは注目に値する。

アジアの近代と西洋文化

このように近代朝鮮の二つの石造建築、つまり独立門と石造殿が西洋風であったことは、ある意味で当然である。独立協会を生んだ開化派の思想は、その源流である一八世紀の実学思想以来、西洋の科学技術をとり入れながら内政改革を図っていく発想を持っていた。日本の維新政府や中国の洋務派の発想と比べても、開化派の西洋志向はアジア社会の中で特異なものではない。一方、朝鮮王室（皇室）の姿勢も、本質的には復古的・保守的な体質を持ちながら、西洋文化を積極的に導入する一面を持っていた。この点も、アジア社会に共通する特徴である。たとえば日本の皇室でも、明治以降は儀式のとき以外は完全に洋風の生活様式がとり入れられている。

このように考えると、建設主体の思想や政治的立場の違いにかかわらず、西洋文化への志向は黎明《れいめい》期の近代朝鮮建築の上に広く投影されていたことがわかる。それはまた、西洋の科学技術や近代思想の普遍性の強さを物語っているというべきだろう。そして、植民地下の朴吉龍と朴東鎮という二人の建築家にも、その西洋志向が影を落としていた。

植民地化―近代化―西洋化

アジアの近代化は、同時に西洋化という側面を強く持っていた。しかし、朝鮮で「東道西器」、日本で「和魂洋才」、中国で「中体西用」といわれたように、西洋の科学技術を導入する一方で、精神面では東洋の思想や道徳への自負があったこともよく知られている。ところが、実際に西洋文化がやって来ると、それは精神面に至るまでアジアの文化を圧倒しはじめた。これに対する危機感や、逆に西洋と一体になれない挫折感が、アジアの知識人を悩ませた。そしてこのような東洋と西洋、伝統と近代の葛藤の中から、アジア社会に特有の近代文化が生み出されていった。しかし朝鮮では、このような葛藤が生まれようとする矢先に、日本による植民地支配が始まってしまった。

このズレが、植民地期の文化状況や、解放後の社会に大きな影響を残したのではないだろうか。たとえば、植民地下で親日派の巨頭とみなされ、解放後に糾弾《きゅうだん》された作家に李《イ》光洙《こうしゅ》《グァンジェ》がいる。彼は三・一独立運動後の一九二二年に『民族改造論』を発表し、民族独立の前提として朝鮮人の人格の修養を説いた。この論説は朝鮮民族の劣等性を強調したと批判され、一九三〇年代に彼が親日文学活動へと向かう出発点だといわれている。しかし波田野節子氏によれば、その思想の源流をさかのぼると、少年期に入信した東学の開化路線や、日本留学時代の社会進化論の影響に行き当たるという（波田野節子「李光洙の民族主義思想と進化論」『朝鮮学報』一三六輯、一九九〇年七月）。ここで彼の親日活動を正当化する必要はないが、その行動が開国以来の思想史の流れの一つの帰結であったことは確かである。

一方、これと対照的な位置に、柳健永《ユゴニョン》や薛鎮永《ソルジニョン》がいる。彼らは、総督府が朝鮮人の家族制度や氏名を日本式に改めさせた「創氏改名《そうしかいめい》」政策に抗議し、自殺した。薛の話は梶山季之が『族譜《ぞくふ》』という小説でとり上げ、韓国の林権沢《イムグォンテク》監督によって映画化された。族譜とは朝鮮の一族が持つ系図のことで、彼らは朝鮮の貴族（両班《ヤンバン》）の血筋を引いていたため、その家名を断絶させることを恥じて死を選んだ。戦時動員のために皇民化《こうみんか》政策を押しつけた総督府の政策はもちろん弁護する余地はないが、さりとて封建的な両班意識でこの政策を拒否した行為も、近代社会がそのまま受け入れることのできない性格のものだったはずである。

にもかかわらず、解放後に李光洙は否定され、柳健永や薛鎮永は肯定されるという対照的な評価がもたらされた。そして、同様の評価の基準が、他の多くの人々にも適用された。しかし、前者を否定する視点はともかく、後者の立場を肯定することは現代に生きるわれわれの、あるいは朝鮮民族の問題意識としてふさわしいものだろうか。むしろ逆説的に言えば、このようなあらゆる民族主義への肯定的評価を生んだこと自体、植民地支配の残した負の遺産といえるのではないだろうか。

夏目漱石《なつめそうせき》は、自生的な近代化と外来の近代化を対比させ、内発的開化と外発的開化と名付けた。そして日本の皮相な外発的開化の限界を批判しながら、それを受け入れざるをえないジレンマも認識していた。朝鮮の場合も外発的開化を強いられたうえに、その開化は侵略者日本によってもたらされた。しかも、植民地支配下の文化状況は、この西洋—日本—朝鮮の対立というトリレンマに悩む余裕を与えなかった。この問題を抜きにして、親日—反日という軸だけでこの時期を評価することはできない。

アジアの都市の景観

ここで、再びソウルの建築に話を戻そう。冒頭に述べた三つの植民地建築の対照性や、二人の朝鮮人建築家の評価、そして初期の近代建築の様式は、すべてこの問題に関わってくる。つまり、植民地期の朝鮮社会は、伝統文化と西洋文化が直接向かい合った英領マラヤと異なり、また、西洋文化と対立する単一の伝統文化を持たなかった複合社会・移民社会のシンガポールとも異なっていた。

朝鮮には、日本とも西洋とも異なる独自の伝統文化があった。そして、ここに侵入した日本は、朝鮮人が自力で近代へ向かうことを妨げて植民地化し、しかも日本を経由した西洋文化を持ち込んだ。この点にこだわれば、日本への反発が、西洋化・近代化への全面否定につながりかねない。一方、この西洋文化は日本にとっても外来文化であり、その意味では本来朝鮮と日本は同じ地平に立つライバルであった。したがってこの点では、日本文化への強い反発に比べて、西洋文化への反発は生まれにくかった。

このように西洋文化＝近代文化への全面否定や全面肯定によって、本来あるべき伝統と近代、西洋とアジアの葛藤を置き去りにさせたことが、日本の植民地支配の残したマイナス面の一つであった。日本のシンボル総督府庁舎への反発、植民地期に建てられた西洋建築の残存、初期の建築家の西洋建築の様式へのこだわり、韓洋折衷建築の不在など、さまざまな点にその痕跡が残されている。今日でも、一見すると過剰なまでに伝統建築を残しながら、実はこれと無関係に無国籍的なスタイルの高層ビルが乱立しているソウルの姿に、それが象徴的に現れている。そして、それはわれわれ日本の都市の景観が抱えている問題点とも、まさに共通しているのである。

植民地における都市計画

都市計画の意義と限界

植民地都市が建設される際にも、当然ながら都市計画が作成された。そして植民地における都市計画には、大きく二つのタイプがあった。一つは満州や台湾で実施された最新の計画思想に基づく新市街地の建設であり、もう一つは朝鮮で実施された地域制（ゾーニング）と区画整理事業を中心とする既存市街地の改造である。このような違いは都市計画にかかわる人材・財源・都市形成過程などに規定されていた。

満州や初期の台湾では、後藤新平《ごとうしんぺい》や彼のブレーンである佐野利器《さのとしかた》などの都市計画家が、いわば白紙の状態のうえに縦横無尽に都市計画を実施した。すなわち満州では、既存の中国都市とは別に満鉄付属地が形成されたり、産業開発にともなって新たな都市が建設されたりした。また、台湾の台北では、領有直後の風水害で在来市街が破壊され、その上に新たな都市が建設された。したがって、これらの都市では住民の移転などにともなう抵抗や、既存施設への配慮がいらなかった。

さらに初代の台湾総督府民政長官・満鉄総裁を務めた後藤新平は、のちに本国で都市計画法の制定や関東大震災後の帝都復興事業にかかわり、近代日本都市計画の先駆者といえる人物だった。そして彼の下で働いた佐野利器は、東大教授となったあと、震災後に帝都復興院建築局長や東京市建築局長を兼任し、東大退官後は清水組《しみずぐみ》副社長も務めた。このように技術面でも行政面でもすぐれた手腕を持つ人物のもとで、多数の都市計画家が満州の都市建設で活躍した。

そして、こうした大規模な都市計画を支える財源として、台湾では膨大な国費がつぎ込まれ、満州では満鉄や東洋拓殖会社による都市経営のための投資があり（黒瀬郁二「東洋拓殖会社の対『満州』投資」『日本の近代と資本主義』東京大学出版会、一九九二年）、のちには満州国の財政資金が投入された。

このように、台湾や満州の都市計画はヒト・カネ・土地の三つがそろい、しかも官庁間の調整や議会対策、住民対策などを考慮する必要の少ない植民地だからこそ実現できたものである。もしこのような条件が欠けていれば、たとえば関東大震災後の帝都復興事業のように、各方面からの反対で骨抜きにされてしまったかもしれない。実際、台湾では都市計画の担い手が総督府から台北市に移り、財源が国費から地方財政に切り替えられた時期があり、この間だけ都市計画は休止状態になってしまった。

したがって、台湾や満州の都市計画の「先進性」や「整合性」の背景には、都市計画の技術的水準の問題だけでなく、植民地支配という制度上の前提条件を考えなければならないのである。それを念頭に置きながら、それぞれの都市計画の内容を眺めてみよう。

満州国の都市計画の「先進性」

都市計画家の越沢明氏は、満州国の首都として建設された新京の都市計画について、「それまで日本の都市計画が消化し、蓄積してきた理念と技術を全面的に適用した一大実験場」であり、東京などを含む「近代日本の都市計画史のなかで看過できぬ重要な意味をもっている」と評価している

（越沢明『満州国の首都計画』日本経済評論社、一九八八年）。

新京《しんきょう》では、長春《ちょうしゅん》とよばれていた時代から、満鉄の手で鉄道付属地を中心とする都市計画が進められていた。そして、満州国建国によって長春は新京と改称されて首都となり、三二年に国都建設計画法が公布された。国都建設は満州国政府直轄事業として遂行され、既存市街地に隣接して、皇帝の住む宮殿を中心とする新市街地が建設されることになった。新市街地には要所に緑地を設けたロータリーを置き、それらを放射状・環状・矩形《くけい》状の街路で結んだ。公園のほとんどは人工湖をもつ親水《しんすい》公園となり、環状道路沿いには緑地帯（グリーンベルト）が設けられた。また、上下水道を整備し、新市街地では全域に水洗便所を設置した。

さらに、三六年の都邑《とゆう》計画法では、市街化を促進する区域のほかに、市街化禁止区域を設けることが制度化された。これは虫食い的なスプロール開発を防止するためのもので、日本本国でも実現していなかった制度である。

都市計画の財源は、開発利益を公的に還元する形で調達された。つまり、計画対象地を農地価格で全面的に買収し、市街地を整備したあと、新造成地を宅地として売却してその

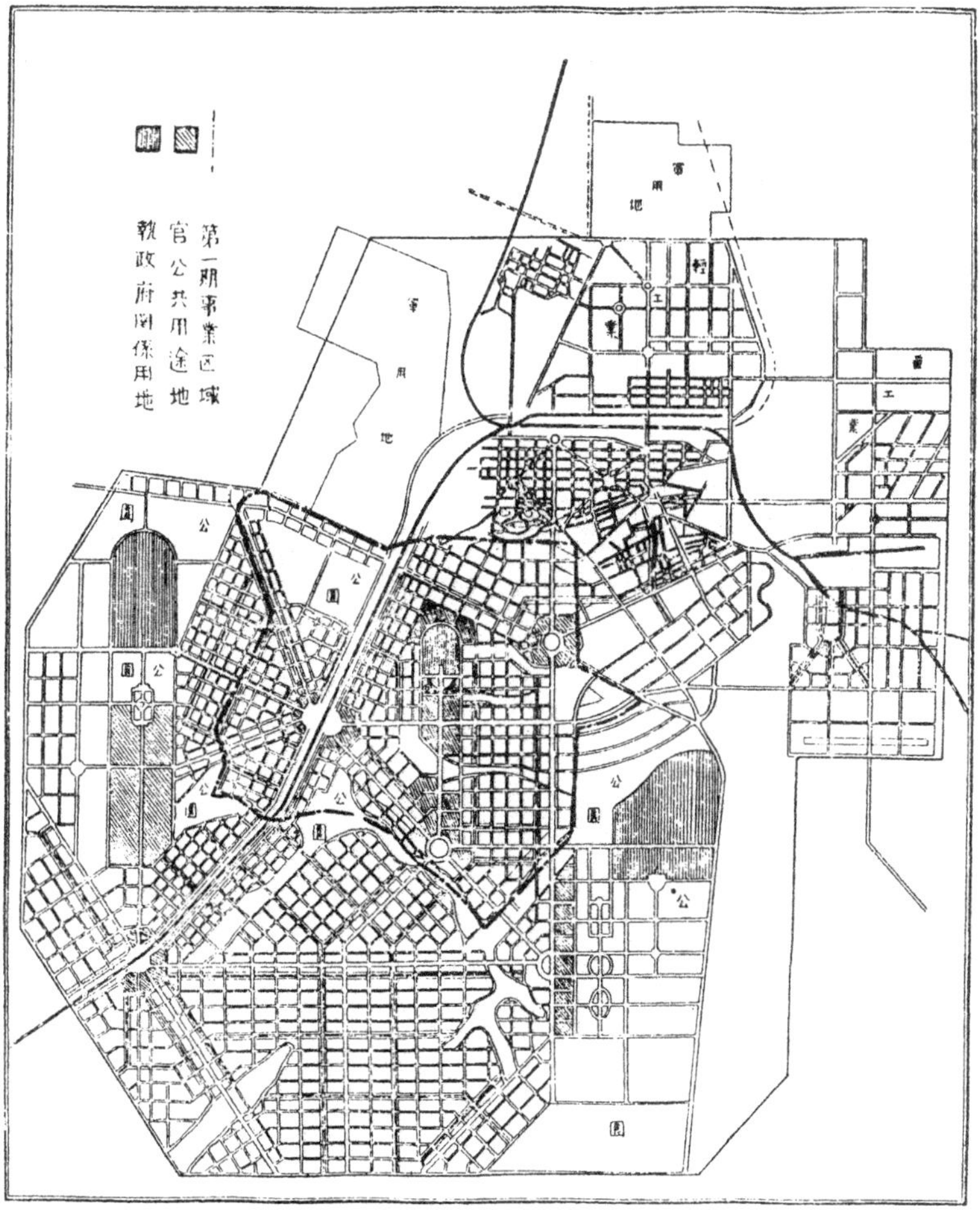

図38　満州国都建設計画（新京）

利益を事業財源にあてたのである。

このような都市計画としての先進性や整合性は、新京に限らず、満州の都市で多かれ少なかれ一般的にみられた特徴だった。

しかし満州や、次に述べる台湾の都市計画の「先進性」は、本国との間に逆転した格差を生むものだった。たとえば、後藤新平が台湾で上下水道や建造物の不燃化・共同化を進めていたとき、日本の首都東京では伝染病の蔓延《まんえん》する多くのスラムが残り、そこでは水道の普及率も五割以下だった。また、佐野たちが満州で進めた開発利益の還元、親水公園の建設、水洗便所の普及などが日本本国で本格的に実現するのは、第二次大戦後まで待たなければならなかった。このような植民地と本国の逆転現象は、後発の帝国主義国日本の実力を端的にあらわすもので、本書でくり返し述べている次のような背景があった。

欧米では、まず一七世紀から一八世紀にかけて、市民革命や産業革命など近代への胎動が始まり、その後一九世紀から二〇世紀にかけて、帝国主義と植民地支配の時代が始まった。しかし日本の場合には、一九世紀から二〇世紀にかけて、近代への歩みと帝国主義への転化を同時並行的に進めなければならなかった。そのため、本国と植民地で同じような政策が実施されたり、場合によっては逆転現象がみられたりすることが多かった。

都市計画に限らず、工業化政策や教育制度の整備など、さまざまな植民地政策のなかにそのような特徴が現れている。したがって、日本の植民地では、欧米の場合のように本国との大きな格差がなかったとしても、それを「一視同仁《いっしどうじん》」の結果として美化することはできないのである。

台湾の都市計画と財源問題

満州と並んで、台湾でも初代民政長官後藤新平の時代から、本格的な都市計画が実施された。たとえば台北では、台湾領有直後から市内の汚水排水のために下水道整備が開始され、さらに一八九九年から街路整備のための市区改正計画が遂行された。本国で東京市区改正条例が制定されたのが一八八八年のことだったから、台北の市区改正計画は、東京と並ぶ先駆的な政策だったといえる。

市区改正はその後も一九〇五年と三二年に包括的な計画がたてられたが、とくに三二年の計画は六六〇〇〇ヘクタール《ヘクタール》余りを対象として、人口六〇万人を想定する大規模なものだった。この計画は、主要道路五九線、公園一七ヵ所などを建設し、幹線道路には緑地帯を設け、公園面積は計画対象地域の一割にのぼるという本格的なものだった。そして三六年には、台湾都市計画令が制定された。

一九三八年には、台北市に近郊の松山庄などを合併していわゆる「大台北」が出現しており、都市計画はこうした市街地と人口の膨張に対応するためのものだった。

しかし、台湾の都市計画の財源をみると、その問題点が浮かび上がってくる。台湾では一九二〇年、市政実施とともに、市区改正事業費が国費から市費に切り替えられたが、「移管後は常に財政に左右せられ、市街膨脹に応ずること能《あた》はず殆《ほと》んど休止の状態」に陥ってしまったのである（前掲『台北市政二十年史』）。したがって三六年の台湾都市計画令施行以後は、国庫補助・台北州費補助・台北市負担・受益者負担が、それぞれ四分の一ずつという財源構成になった。前述のように、植民地支配下で人材・財源・土地の三つの条件がそろうことが、大規模な都市計画の前提条件になっていたのである。

朝鮮の都市計画と区画整理事業

一方、朝鮮で施行された都市計画は、地域制（ゾーニング）と区画整理事業を中心とする既存市街地の改造を中心としていた。朝鮮における都市計画は、一九二一年の京城都市計画研究会の創立に源流をもち、二六年から三〇年にかけて三次にわたる都市計画案が作成された。しかし本格的な都市計画の実施は、一九三四年の朝鮮市街地計画令の施行以降であった（前掲『日帝強占期都市計画研究』）。そこでとられたゾーニングと土地区画整理事業の手法は、日本本国の都市計画とも一脈通じるものであり、朝鮮総督府に多くの内務官僚が転出していたことと無縁ではないだろう。同時に、満州や領有初期の台湾のように膨大な財源を確保できなかったことも、このような計画内容をとらせた一因であった。

日本本国では一八八八年に東京市区改正条例が出され、一九一九年には都市計画法が制定されていたが、たとえば関東大震災後の東京で実施された計画は、罹災地《りさいち》の区画整理事業と、未完に終わった街路計画が中心であった（越沢明『東京の都市計画』岩波書店、一九九一年）。都市における区画整理事業は、耕地整理や火災跡地の整理の経験から生まれた日本独特の手法だといわれている。このような点で、既存市街地の存在や財源の制約があった朝鮮の都市計画は、満州とかなり性格が異なり、むしろ日本本国に近いものとなった。

その代表的な事例として、一九三三年から始まった京城市街地計画をとり上げてみよう（廉馥圭「一九三〇～四〇年代京城市街地計画の展開と性格（韓国語）」ソウル大学碩士論文、二〇〇一年）。

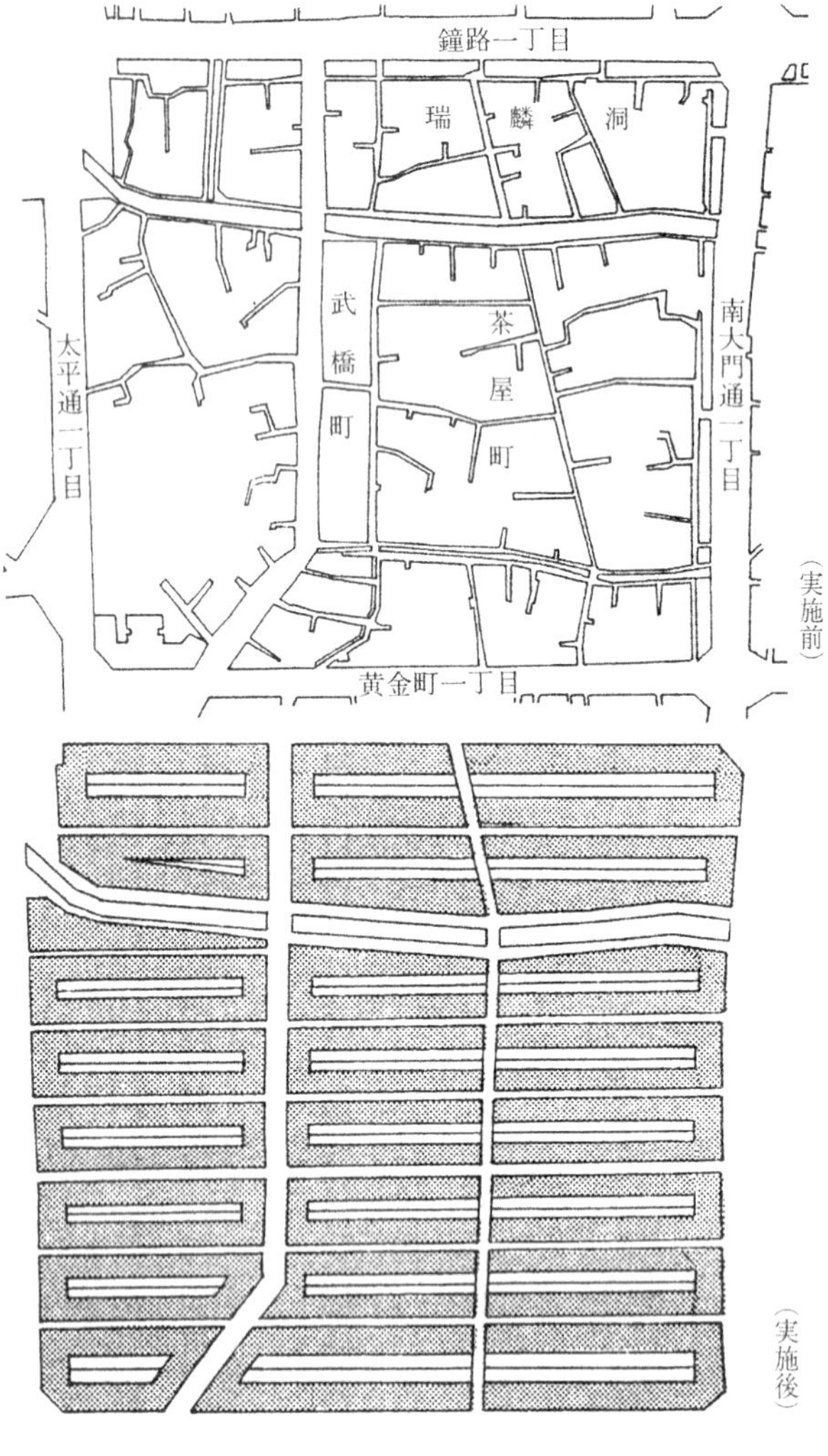

図39　京城府武橋町付近の区画整理計画（1928年）
孫禎陸『日帝強占期都市計画研究』一志社（ソウル），1990年より。

この計画では、既存の都心部には手をつけず、漢江沿いの永登浦や麻浦、東郊外の清涼里（現、東大門区）や往十里（現、城東区）を工業地帯として開発するなど、郊外への府域膨張を意識した内容となっていた。台北と同様に、京城も一九三六年に近郊地域を合併して「大京城」へと変貌している。そして、土地区画整理事業によって、工業地帯ばかりでなく住宅地の整備を図った。さらに街路は、京城府庁前を中心とする都心部と、六個の副都心を設け、内部に格子状の街路を整備すると同時に、それぞれを結ぶ放射状の街路網を建設する予定だった。

しかし、三〇年代後半から開始された街路網建設と区画整理事業は、どちらも不十分なまま延期または中断状態となってしまった。その原因は、日中戦争以降の戦時体制のなかで、資材や財源の不足に陥ったことだった。しかも、区画整理事業の費用は基本的に受益者負担主義で土地所有者から徴収したため、住民の大きな不満を生んだ。このような受益者負担主義は、日本本国で一般的にとられていた財源調達方法であった。また、街路建設にあたって土地を収用された所有者は、工事の遅れによって開発利益を手にすることができず、ここでも不満を募らせていた。このような住民の不満を、植民地支配と戦時体制という状況によって強権的に抑えながら、計画が遂行されていったのである。

こうして、既存市街の根本的な改編を経ることなく実施された都市計画は、都市人口の膨張に十分応え得るようなものではなかった。また、その強権的な手法は日本人、朝鮮人を問わず住民の不満を生み出した。

にもかかわらず、その基本となった市街地計画令は、解放後の韓国でも「朝鮮総督」を「内務部長官」に読み替えただけで、ほぼ同じ条文のまま受け継がれ、一九六二年の都市計画法制定まで存続した。そして、不法居住者の撤去など強権的な都市計画の手法も、解放後に継承された。植民地支配の残した負の遺産の一つとして、留意しておくべき問題であろう。

解放後の都市――植民地都市からの「遺産」と「断絶」

都市化や工業化は、一般に「近代化」の代表的な指標と考えられている。そして、日本の植民地の特徴として、このような「近代化」が植民地支配下でも進行していたことがあげられる。さらに、このことが、植民地支配から解放されたあとの歴史に反映されているという見解もある。したがって、本書でも最後に解放後への展望を示しておかなければならない。

植民地都市は解放後に何を残したか

結論を先にいえば、植民地期の都市形成は、解放後のそれと無関係ではないが、しかし量的にも質的にも相違点の方が大きかったと考えられる。それは、とくにアジアNIES

（新興工業経済地域）として急速な経済発展を遂げた韓国と台湾において顕著である。解放後の条件が異なるさまざまな地域を一律に論じることはできないので、ここでは韓国と台湾を中心に、植民地都市と解放後の都市の関係を論じてみたい（両地域の解放後の都市形成については、橋谷弘「韓国・台湾のＮＩＥＳ化と都市化」『発展途上国の都市化と貧困層』アジア経済研究所、一九九五年を参照していただきたい）。

伝統的都市との連続性

まず、今までに述べた植民地期の朝鮮と台湾の都市化の特徴をもう一度振り返りながら、東南アジアなど他の植民地の都市と比較してみよう。特徴の第一にあげられるのは、都市形成過程の違いである。都市社会学では、近代の都市形成に関して、異種発生的変容（heterogenetic transformation）と系統発生的変容（orthogenetic transformation）を区別する見解がある（R. Redfield and M. Singer, "The Cultural Role of Cities", in *Economic Development and Cultural Change*, 3, 1954）。多くの植民地では、それ以前に都市的基盤のなかった地域に、支配のための拠点都市が新たに建設された。このように伝統的文化と断絶した都市形成の過程が、異種発生的変容である。

ところが、本書の冒頭で述べたように、日本の植民地都市の中には、京城・台北・平壊・台南のように、すでに近代以前から都市が形成されていた所がある。こうした系統発生的変容のなかで植民地都市となった場所では、そこに都市が存在すること自体には違和感が生まれにくい。つまり、都市そのものを植民地支配の産物として敵視することにはならない。

たとえば韓国では、ソウル（京城府）を解放後も首都とすることについて、正統性や機能性にまったく疑義が生まれず、分断後の朝鮮民主主義人民共和国でも一九七二年までソウルを憲法上の首都と規定していた。台北でも同様である。また、独立後に日本的な都市景観がほとんど痕跡をとどめていないのも、すでに述べた文化の「同質性」や西洋の問題と並んで、伝統的建築の存在という系統発生的変容が一因となっている。

過剰都市化と首位都市への集中

第二に、日本の植民地都市の人口増加は、過剰都市化と首位都市への集中という現象をともなっていた。もう一度繰り返しておけば、過剰都市化とは、工業化に先行して都市への人口集中がみられる現象である。日本の植民地の場合も、都市工業化というプル（pull）要因は不十分で、もう一方で農村窮乏化というプッシュ（push）要因の方がいっそう大きかった。その結果、都市内部で十分な雇用を創出できず、今日の都市非公式部門と共通するような雑業労働者の滞留を招いていた。

同時に、植民地支配のための政治的・経済的機能の集中によって、京城府や台北市は量的にも質的にも他の都市と隔絶した首位都市としての様相を示していた。ただし、アジア・アフリカの一般的な植民地都市と違って、日本の植民地では首位都市の膨張をともないながら、同時に多くの地方都市が発展していたことも見逃すことができない。

たとえば朝鮮では朝鮮王朝時代に中央集権的な体制がとられ、大規模な交易都市なども形成されなかったため、王朝末期までソウルの規模が突出して大きかった。しかし、近代になると開港地だった釜山や仁川が都市として成長し、さらに植民地期には興南などの工業都市も現れて、地方都市が成長するようになった。一方、台湾では清朝《しんちょう》末期に「一府・二鹿・三艋舺」といわれ、中国本土と関連する政治支配の拠点（台南府）と二つの海港（鹿港・艋舺）が都市として成立していた。さらに植民地期に入ると、総督府の置かれた台北だけでなく、日本との交通のための基隆《キールン》や高雄《たかお》、地方支配の拠点としての台中など、新たな地方都市が誕生した。

このように地方都市が発達したのは、本国のために産業開発が進められ、日本から大量の移民が渡って商工業や農業に従事したという、日本の植民地支配の特徴のあらわれでもあった。

都市の二重構造

日本の植民地都市の第三の特徴として、都市のなかに二重構造が生まれ、特有の地域支配構造が形成されていたことがあげられる。二重構造は、基本的に植民地支配にともなう日本人と朝鮮人や台湾人の差別・格差によるものだった。両者の居住地域は完全に二分され、町並みや社会資本にも格差がみられた。これに加えて、中心部の旧市街と周辺部の新開地の格差という、近代都市に共通してみられる二重構造も形成されていた。さらに、農村と違って伝統的支配構造の弱い都市部で、多くの日本人住民を担い手としながら、町内会（町洞会《ちょうどうかい》・街庄《がいしょう》）を通じて強固な地域支配構造が作り上げられていった。

しかし、日本の植民地都市の二重構造は、東南アジアのような、支配民族・被支配民族・華人・インド人など多民族が混住する複合社会とは異なっていた。したがって、独立後に旧支配民族や華人・インド人が経済を牛耳《ぎゅうじ》るような局面が生まれることはなかった。

また、日本の植民地では、支配者と被支配者との間にさまざまな「同質性」がみられ、生活様式や文化の差異が少なかった。つまり、二重構造を持っていたとはいっても、それは東南アジアなど他の地域の植民地ほど隔絶した二重構造ではなかった。そのうえに、解放後の韓国や台湾の経済発展が加わったために、日本文化の影響はいっそう残りにくくなった。

さらに、日本の植民地支配は本国の敗戦によって終焉《しゅうえん》を迎え、支配者の「引揚《ひきあ》げ」という独特の現象をともなうことになった。日本人が引揚げると、韓国の都市には日本・中国東北からの帰国者や北朝鮮からの難民が流入し、台湾の都市には大陸から「外省人《がいしょうじん》」が流入して、都市住民が大きく入れ替わることになった。

このような三つの特徴を持つ植民地期の都市化を前提として、解放後にアジアNIESとしての経済成長が始まると、都市化の様相は大きく変化することになった。しかも、その変化の方向は、韓国と台湾で際立った対照性をみせていた。

韓国のNIES化とソウルへの一極集中

韓国では、NIES化とともに、人口や政治的・経済的機能のソウル一極集中が一段と目立つようになった。植民地期には、ソウルが首位都市でありながら、前述のような地方都市の成長によって都市規模別のヒエラルヒー（階層）が生まれ、都市人口に占めるソウルの比重はむしろ低下していた。これに対して一九六〇年代以降のNIES化の時期になると、ソウルへの一極集中が激しくなり、百万都市から一千万都市への膨張が進んだ。それはソウルの量的な拡大だけでなく、工業化による雇用機会の創出と農家経済の変容という韓国社会の質的な転換をともなっていた。したがって、ソウルが首位都市としての性格を強めていくのは、植民地支配よりもむしろNIES化にともなう構造変化の結果であったと考えられる。

もちろん、ソウルへの一極集中の伝統的要因として朝鮮王朝時代の中央集権的な政治体制があり、植民地期にも支配のための諸機能の集中がみられたことも見逃せない。さらに解放後の南北分断によって、平壌《ピョンヤン》など北部の都市が韓国の領域から除外されたうえに、国土が狭くなって第二・第三の都市が生まれにくくなったという原因もあげられる。しかし、これらの歴史的要因以上にソウルへの一極集中に拍車をかけたのが、一九六〇年代以降の中央集権的な工業化政策だった。

この時期の輸出志向型工業化は、国際港に近いソウル・釜山の発展を必然化し、政策的に造成された工業団地は京畿道・慶尚道に偏在した。さらに新たな動脈の京釜高速道路の開通が、この傾向をいっそう著しくした。しかも、京畿道の工業は人手のかかる軽工業や加工組立工業で（労働集約型）、巨大な設備を必要とする慶尚道の重工業（資本集約型）と対照的だった。その結果、労働集約的な首都圏の工場への人口集中が相対的に際立つことになった。

そのうえ、農業政策の失敗が都市と農村の格差を拡大させ、農村からの人口流出を増大させた。さらに、六一年以降は地方自治への住民参加が認められなかったため、政治的にも中央集権制は弱まることがなかった。こうして全人口の四分の一がソウルに、半数近くが首都圏に集中するという極端な一極集中が起こったのである。

七〇年代の人口移動の転換

さらに、農村から都市への人口移動のパターンをみると、一九七〇年代に入って以前と異なる特徴が目立ってきた。まず一九六六年を転換点として、農村人口の比率が低下するだけでなく、その絶対数まで減少するようになった。また、これと関連して、七〇年代に入るとソウル市人口の社会増加（流入による）と自然増加（出生による）が逆転し、自然増加の方が上回るようになった。しかも、膨張したソウルの人口が周辺都市へ流出する傾向も生まれた。このように、七〇年代に入ると、一般の途上国とは異なるＮＩＥＳ的な現象が現れたのである。

一方、人口が集中したソウルでは、六〇年代から都心部で人口の空洞化が目立つようになり、居住地の郊外化現象が始まった。さらに八〇年代に入ると、都心部に諸機能が集中する単核都市構造から、郊外に機能が分散した多核都市構造へと変化していった。こうした変化にともなって、六三年と七三年にソウル特別市の行政区域が拡張され、朝鮮王朝時代や植民地時代とはまったく異なる都市空間が形成されるようになった。

都市計画のあり方も一九五〇年代までは植民地期の手法が踏襲《とうしゅう》されていたが、六〇年代から新たな発想が盛り込まれるようになった。たとえば都市計画に関する法令は、一九三四年施行の朝鮮市街地計画令が、解放後もほぼ同文のまま継承されていた。計画の範囲も、一九三六年の「当初計画」から四九年の「修正計画」、六二年の「再整備計画」まで、ほぼ旧市街地約四〇〇〇万坪を対象としていた。

これが転機を迎えるのは、一九六二年の都市計画法の制定で、翌六三年の「ソウル都市計画」では市域拡張とともに計画区域が二億一六〇〇万坪に拡張された。さらに七一年には都市計画法が全面的に改正され、「国土総合開発計画」にともなう首都圏衛星都市配置政策は、従来の局地的・部分的開発の枠を破る最初の総合計画となった。このように都市計画の範囲や方針は、六〇年代初頭を画期として大きく変化していた。ただし、その後も都市計画の手法に植民地時代の日本の影響が残され、上からの強権的な政策遂行が行われていた点は、植民地支配の「負の遺産」として注目すべきだろう。

工業化とソウルの市域拡張

このような韓国のNIES的工業化とソウルの膨張の関係について、もう少し具体的にみてみよう。まず六三年の市域拡張では、市内を流れる漢江の南（江南）と北部郊外を編入し、将来の都市化を先取りする形となった。そして七三年の市域拡張とともに、従来の市域に新しい区の設置が続き、六三年に編入された地域における本格的な都市化の進展に対処した。

このような江南地区の発展は、工業団地と住宅団地の形成によるものだった。工業団地は、輸出向けの衣服・電気機器産業の成長とともに形成された。一方、住宅団地は高所得者向けのアパート（日本の高級マンションにあたる）と低所得者向けの連立住宅（日本の公

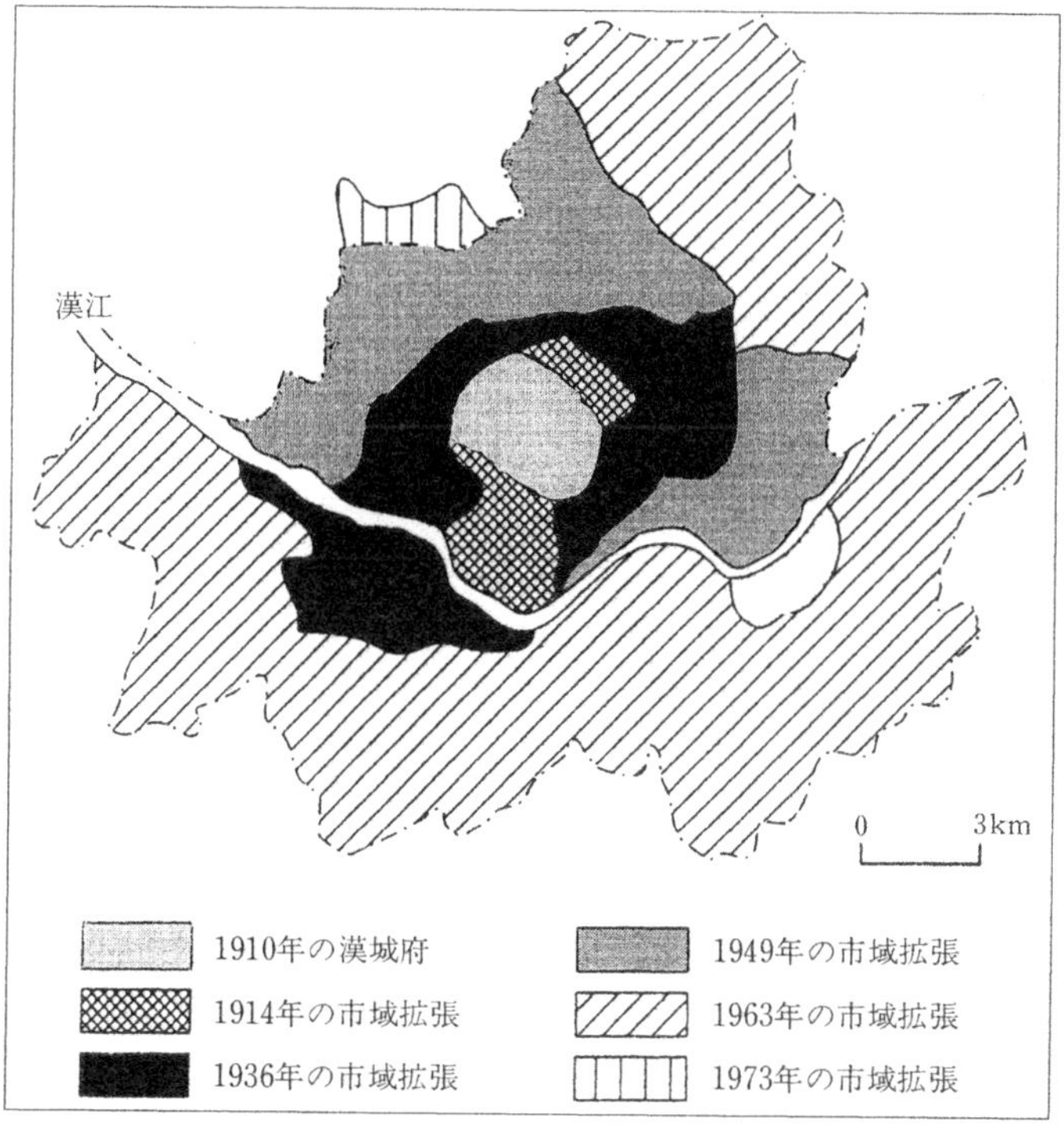

図40　ソウルの市域拡張

団住宅と同等だが民営が多い）の二種類があり、所得階層別に居住地分化がみられた。さらに、居住地分化の問題を考えるときに無視できないのが、スラムの問題である。六〇年代の急速な人口増加とともに、ソウル市内の丘の斜面などに、「板子村《パンジャ》」「タルトンネ（月の町）」「山《サン》トンネ（山の町）」とよばれる無許可定着地が増加していった。その住民は、近代的部門の現業労働者や非近代的部門の就業者で、いずれにしても不安定な低所得階層に属していた。しかも、前述のような住宅団地が建設されたのは、しばしばこうした「板子村」を強制撤去した跡地だった。そして、「撤去民」はさらに郊外へと移住を余儀なくされ、深刻な社会問題となった。

台湾のＮＩＥＳ化と分散型都市化

一方、台湾でもＮＩＥＳ化とともに、植民地期と異なる都市形成のパターンが現れた。それは韓国との共通点も持っていたが、都市人口の分布は大きく異なっていた。

台湾で農村から都市への人口流出が目立つようになったのは、韓国と同様に一九六〇年代のことだった。そのあと七〇年代を通じて都市人口は増加し、人口分布からみれば大都市（五〇万人以上）と中都市（五～一〇万人）の比重が増大したが、人口成長率は一〇万人以下の中小都市の上昇が目立っていた。つまり、台湾の都市人口の分布は韓国のような首位都市への一極集中型ではなく、ヒエラルヒー（階層）を持った分散型になったのである。その結果、大都市は台北―台中―台南・高雄という四都市が三つの極を作り、これを中心に中小都市が分布するという配置ができあがった。

このような分散型の都市人口分布は、台湾の工業化の特徴に規定されていた。台湾では工場が都市に集中せず、労働集約的な小工場が都市近郊に拡散しながらＮＩＥＳ的な工業化が進められてきた。このため、七〇年代に入ると中心都市の人口成長率は低下し、これに代わって周辺都市の人口成長率が上昇するようになった。

さらに韓国と同様に台湾でも、農村人口の比率の低下に続いて、その絶対数の減少がみられた。その転換点は、韓国と同じく六〇年代の後半である。また台北の人口の社会増加率は七三年まで上昇していたが、それ以降は不況の影響で低下しはじめ、七八年には流出人口が流入人口を上回るようになった。このように、台湾でも人口移動のパターンが途上国型ではなくなり、ＮＩＥＳ的な特徴がみられるようになったのである。

工業化と台北の市域拡張

NIES的工業化と並行して、台北でもソウルと同様に市域拡張と新たな都市計画が開始された。台北では六〇年代まで、旧市街地の城中区・建成区・延平区・龍山区（現、万華区）が中心地だった。この一帯は淡水河に面し、清末から植民地期を通じて、政治経済の要地となっていた。ところが七〇年代に入ると、これを取り巻く中山区・松山区・大安区に商業やサービス業が移りはじめた。さらに、旧市街の工業も士林区・内湖区・南港区に移転した。こうして旧市街地には政治的機能だけが残り、商工業は外縁部へと拡がっていった。

これにともない六八年には台北が省轄市から院轄市へと昇格した。つまり、台湾省という地方政府の管轄から、行政院という中央政府の管轄に変わったのである。市域もそれまでの一〇区六七平方キロから一六区二七二平方キロへと拡張された。また、それまでの都市計画は植民地下の一九三二年に作成されたものが継承されていたが、市域を拡大した六八年に新しい計画が樹立された。

このように台北でも、一九六〇年代から七〇年代にかけて、清朝末期や植民地時代とまったく異なる新たな都市空間が形成された。それは、淡水河の旧河港を扇の要《かなめ》の位置に置

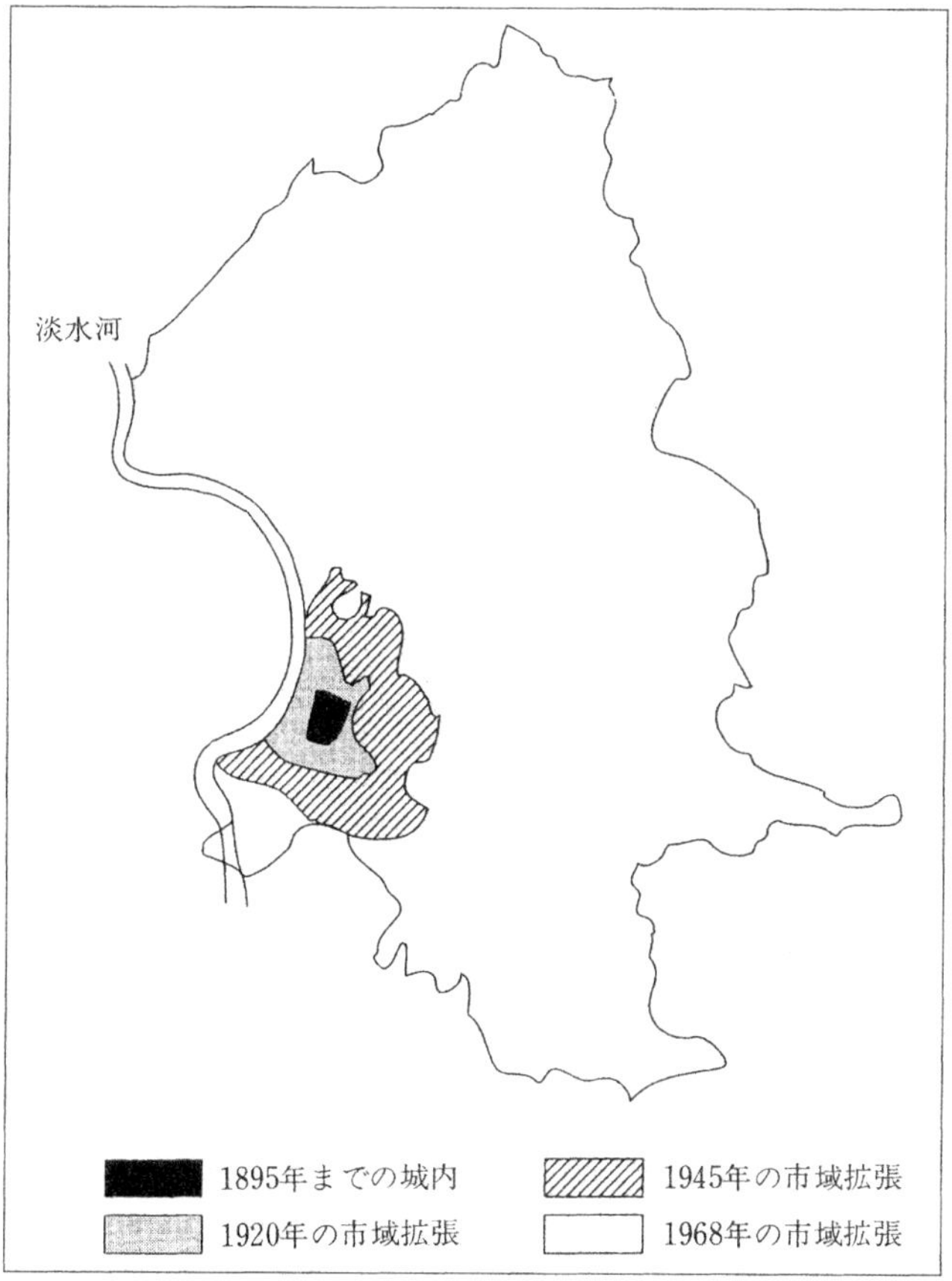

図41　台北の市域拡張

き、旧市街地—新興商工業地—周辺開発地という三層構造を持ちながら、北東から南東にかけて半円形の拡がりをみせるようになったのである。

一方、台北の産業構造はソウルと異なり、NIES化の過程でも製造業の極端な集中がみられなかった。台北の製造業就業人口は一九五四年に台湾全体の一六・三％を占めていたが、八一年には八・九％まで低下した。一方、商業は二一・四％から三八・九％へ、サービス業は一九・一％から四〇・六％へと比重を高め、全国の第三次産業の四割が台北に集中することになった。その結果、台北の産業別就業人口も、五四年の製造業四六・四％・商業二四・八％から、八一年には製造業一九・八％・商業三九・七％へと逆転した。

また、台北でもソウルと同様にさまざまな都市問題が起こっているが、都市貧困層や無許可定着地の存在は、台北では顕在化しなかった。八〇年代からマイホームを持てない市民の不満が目立つようになったが、これは都市中産層の運動とみてよいようである。そして、地価・家賃の高騰に対するこのような市民の不満の高まりは、のちに土地公有制度を発足させる原因の一つとなった。

以上のように、韓国・台湾がアジアＮＩＥＳとして工業化と経済成長を開始した一九六〇年代以降、都市の成長は植民地期とまったく異なる様相をみせるようになった。つまり、今日われわれがみているソウル市や台北市の姿には、植民地の「遺産」よりもＮＩＥＳ化の成果の方が強く反映されているのである。もう一度、その要点を確認しておこう。

植民地都市との断絶――ＮＩＥＳ都市の発展

まず、農村から都市への人口移動をみると、一九六〇年代以降のＮＩＥＳ化とともに、農村から都市への人口流出は飛躍的な増大をみせ、都市化が一段と進展した。さらに、六〇年代後半には農村人口の比率だけでなく絶対数が減少しはじめ、七〇年代に入ると都心部から郊外への人口流出が起こるなど、発展途上国より先進国に近い、ＮＩＥＳ的な人口移動のパターンが現れるようになった。

一方、都市人口の分布をみると、韓国と台湾は大きく異なっていた。韓国では、工業団地の偏在と、人手のかかる労働集約的工業の集中によって、ソウル首都圏への一極集中型の都市化が進んだ。これに対して台湾では、中小工業を中心として、都市近郊の商工業が発展し、複数の都市が並行して成長する分散型の都市化が進んだ。この相違は、韓国や台湾にNIESとしての成長をもたらした輸出志向型工業化の、タイプの違いによるものだった。この点でも、植民地都市の「遺産」は、副次的な要因でしかない。

さらに、NIES的な都市形成の過程で、ソウルや台北の市域は拡張され、その都市計画や内部構造も大きく変化した。ソウルでは一九六〇年代から七〇年代にかけて、かつての市域の南端だった漢江を越え、江南や九老の都市化が進んだ。台北では、淡水河を扇の要《かなめ》として、半円状に市街地が拡大していった。どちらも、植民地期に形成された市街地は、今日の巨大都市の一部にすぎない。その結果、解放後も継承されていた植民地期の都市計画は、ソウルでも台北でも六〇年代に根本的な変更を行わなければならなかったのである。

以上のような事実を確認してみると、植民地都市の形成は、第二次大戦後の韓国や台湾の都市化の唯一の要因でも最大の要因でもなかったことが明らかである。

無国籍的都市空間の誕生――エピローグ

一〇〇年間にわたる植民地都市、現代都市の発展の上に、今日の東アジアの都市は、グローバル化の進展とともに大きく変貌しようとしている。ソウルや台北をはじめ、最近のアジアの大都市でみられる特徴は、擬似西洋的で無国籍的な景観である。奇抜なデザインの高層ビルの建ち並ぶ街並みの写真をみせられても、それがソウルなのか、それとも東京や上海《シャンハイ》なのか、いい当てることは難しい。

建物だけではない。ソウルのファッションビルに集まる若いデザイナーたちが、東京に「東大門市場」を出現させたり、台湾で日本の流行をまねる「哈日族《ハーリー》」が登場するなど、風俗の面でもアジアの都市は融合が進んでいる。ソウルや台北の街にはカラオケが林立して日本の歌謡曲が熱唱され、東京のコンビニに行けば韓国のインスタントラーメンが並んでいる。もちろん、こうしたアジア文化の融合が起こる以前から、欧米文化が激しい勢いで流入していた。

このような、よくいえばグローバル化、悪くいえば無国籍化がアジアの都市で目立つのは、歴史的伝統と断絶しながら近代都市が形成されたという共通性によるものであろう。つまり、アジアにとっての近代化とは西洋化と同義であり、そこに伝統との継承性や融和を盛り込むことは至難《しなん》の業《わざ》だったのである。さらに、日本の植民地都市だったところでは、そのうえに「日本が持ち込んだ西洋」という複雑な要素が加わった。

そして、日本の若者が韓国のデザイナーの服や靴を買い、台湾の若者が日本のファンシーグッズを買うといっても、それはチマ・チョゴリやチャイナドレス、扇子《せんす》・かんざしの類を求めているわけではない。そこで商品化されているのは擬似《ぎじ》西洋的な洋装であり、無国籍的な〝ハローキティ〟なのである。しかも、全体として西洋志向でありながら、なぜか西洋そのものに正面から向き合うことを避け、アジアのどこかを経由した、薄められた西洋文化を求めているようにみえる。

このような擬似西洋化、無国籍化は、今後も多くの発展途上国の都市で進んでいくだろう。それが文化の退廃につながるのか、それとも新たな文化を生み出していくのか、注目していかなければならない現象である。

あとがき

私がはじめてアジアの都市を訪れたのは、一九七七年の春だった。もちろん、当時は学生で、たんなる物見遊山にすぎなかったが、私にとってアジア近代史やアジア文化論の生きた教材となるような旅だった。

ジャカルタの街で毎朝パンを買いに行った屋台のおじさんは、ある日「書くものをよこせ」といって突然自分の名前をカタカナで書き、皇民化教育の結果を目の当たりにさせてくれた。シンガポールでたまたま乗ったタクシーの華人運転手が、休日をさいて観光地めぐりをしてくれたとき、その合間に黙って連れて行ったのは、「日本占領時期死難人民紀念碑」や孫文記念館（晩晴園）だった。マレー半島を縦断する列車のなかでは、アラビア語でコーランを読むムスリムの学生と隣り合わせになり、そのあと漢字を書く華人の学生と議論して、「複合社会」を実感することができた。マニラの路地裏を歩いているときには、遊んでいた子供に「アジノモトー」とはやし立てられるという、唐十郎の芝居のような経験をした。そのほかにも、まるで誰かが私にアジア事情を勉強させるために仕組んでいたのではないかと思うくらい、次から次へ興味深い出来事が起こった旅だった。

本書の「植民地都市の建築」でとりあげたクアラルンプールのイスラム風建築の来歴を知ったのも、そのときに買って読んだ本の記述で、今から考えると本書の出発点もここまでさかのぼれるのかもしれない。

その三ヵ月後に、今度は韓国へ渡ったが、当時は釜山に上陸するフェリーのタラップの下で、旅行者から日本製の電卓やカメラを買い付けるために、韓国人商人が群がっているような状態だった。慶州博物館の売店のおばさんが、貧乏旅行の私に晩飯をごちそうしてくれるといって娘と間借りしている部屋で作ってくれたのは、鯖の缶詰と玉ねぎを炒めたおかず一皿だった。そのあと連れて行ってくれた飲み屋で、大きな鍋で煮えていた豚か牛の頭から脳みそをすくってツマミにしたが、それが何の頭だかわからないほど店のなかは暗かった。ソウルの街も釜山の街も暗かったのは、そのころの韓国経済を反映していたのだろう。韓国の一人あたりＧＮＰが一〇〇〇〇ドルを超えたのは、翌年の七八年のことである。そのあと何度も韓国の都市を訪れるなかで、発展途上国から先進国に近づく水準まで韓国社会が変化していく様子をつぶさにみることができたのは、経済史研究者として幸運なめぐり合わせだったと思う。

本書で明らかなように、私の研究は文献や統計にもとづくもので、フィールドワークによるものではないが、三〇年近くアジアの都市を歩きながら考えてきたことが、そうした研究の原点になっているような気がする。

思えば、私が歴史を学びはじめたころは、都市の研究よりも、農村の研究の方が王道であるかのような雰囲気が残っていた。しかし、今や発展途上国でも人口の半分近くが都市に住むような状況のなかで、都市研究の重要性が次第に認識されるようになってきた。本書も、プロローグに書いた植民地研究への問題意識だけでなく、アジアの都市に関する議論としても読み取っていただければと思う。

なお、本書は学術専門書ではなく、一般読者向けに書き下ろしたものなので、参照した文献などの注も最小限のものにとどめざるを得なかった。より詳細な参考文献を知りたい方は、本書の原形となった次の論文を御参照いただきたい。

「一九三〇・四〇年代の朝鮮社会の性格をめぐって」(『朝鮮史研究会論文集』第二七集、一九九〇年三月)

「植民地都市としてのソウル」(『歴史学研究』第六一四号、一九九〇年一二月)

「NIES都市ソウルの形成」(『朝鮮史研究会論文集』第三〇集、一九九二年一〇月)

「釜山・仁川の形成」(『岩波講座　近代日本と植民地』三、岩波書店、一九九三年一月)

「植民地都市」(『近代日本の軌跡　九　都市と民衆』吉川弘文館、一九九三年一二月)

「韓国・台湾のNIES化と都市化」(『発展途上国の都市化と貧困層』アジア経済研究所、一九九五年一月)

「ソウルの建築——植民地化と近代化」(『近代日本と東アジア——国際交流再考』筑摩書房、一九九五年七月)

二〇〇四年一月

橋　谷　弘

著者紹介

一九五五年、東京都に生まれる
一九八七年、東京都立大学大学院人文科学研究科博士課程単位取得満期退学
現在、東京経済大学経済学部教授
主要著書・論文
『朝鮮史』（共著）「一九三〇・四〇年代の朝鮮社会の性格をめぐって」（『朝鮮史研究会論文集』二七集）

歴史文化ライブラリー
174

帝国日本と植民地都市

二〇〇四年（平成十六）三月一日　第一刷発行

著　者　橋《はし》谷《や》　弘《ひろし》
発行者　林　英男
発行所　株式会社 吉川弘文館
東京都文京区本郷七丁目二番八号
郵便番号一一三―〇〇三三
電話〇三―三八一三―九一五一〈代表〉
振替口座〇〇一〇〇―五―二四四
http://www.yoshikawa-k.co.jp/
印刷＝株式会社 平文社
製本＝ナショナル製本協同組合
装幀＝山崎　登

歴史文化ライブラリー

1996.10

刊行のことば

現今の日本および国際社会は、さまざまな面で大変動の時代を迎えておりますが、近づきつつある二十一世紀は人類史の到達点として、物質的な繁栄のみならず文化や自然・社会環境を謳歌できる平和な社会でなければなりません。しかしながら高度成長・技術革新にともなう急激な変貌は「自己本位な刹那主義」の風潮を生みだし、先人が築いてきた歴史や文化に学ぶ余裕もなく、いまだ明るい人類の将来が展望できていないようにも見えます。このような状況を踏まえ、よりよい二十一世紀社会を築くために、人類誕生から現在に至る「人類の遺産・教訓」としてのあらゆる分野の歴史と文化を「歴史文化ライブラリー」として刊行することといたしました。

小社は、安政四年（一八五七）の創業以来、一貫して歴史学を中心とした専門出版社として書籍を刊行しつづけてまいりました。その経験を生かし、学問成果にもとづいた本叢書を刊行し社会的要請に応えて行きたいと考えております。

現代は、マスメディアが発達した高度情報化社会といわれますが、私どもはあくまでも活字を主体とした出版こそ、ものの本質を考える基礎と信じ、本叢書をとおして社会に訴えてまいりたいと思います。これから生まれでる一冊一冊が、それぞれの読者を知的冒険の旅へと誘い、希望に満ちた人類の未来を構築する糧となれば幸いです。

吉川弘文館

〈オンデマンド版〉
帝国日本と植民地都市

On Demand
歴史文化ライブラリー
174

2018年（平成30）10月1日　発行

著　者　橋《はし》谷《や》　弘《ひろし》
発行者　吉川道郎
発行所　株式会社　吉川弘文館
〒113-0033　東京都文京区本郷7丁目2番8号
TEL　03-3813-9151〈代表〉
URL　http://www.yoshikawa-k.co.jp/

印刷・製本　大日本印刷株式会社
装　幀　清水良洋・宮崎萌美

橋谷　弘（1955～）

ISBN978-4-642-75574-0